다문화아동 가족상담

곽윤정 저

강현출판사

본 저서는 세종사이버대학교 저술출판 사업의 지원을
받아 집필되었습니다.

This book was Supported by Research Grant
from Sejong Syber University

|| 저자 서문 ||

우리나라뿐만 아니라 전 세계적으로 국제화 추세가 나타나고 있습니다. 이제 마음만 먹으면 다른 문화와 국가에 얼마든지 접근할 수 있으며, 경제, 의료, 예술, 정치 등의 여러 방면의 교류는 자연스러운 일이 되었습니다. 그렇지만 우리나라의 다문화에 대한 수용과 인식 수준은 이러한 흐름과 상당한 거리가 있는 것으로 보입니다. 농촌의 결혼 문제를 해결하기 위해서 정부 주도로 국제결혼이 추진된 1990년대 초반 이후로 결혼이주여성을 비롯한 외국인 근로자가정과 북한이탈주민에 대한 사회적·개인적 인식은 크게 달라지지 않은 상태라고 말할 수 있습니다. 여전히 다문화에 대하여 폐쇄적인 관점과 시선을 가지고 있으며, 다문화가족의 일원에 대한 편견과 차별이 존재하고 있어서 다문화가족들은 말로 표현 못할 고통과 어려움을 경험하고 있습니다.

하나의 제도를 수립하기에 앞서 그 제도를 수용할 수 있는 사회 전체의 인식 변화가 필요하며, 이를 실천할 수 있는 사회 구성원 개개인의 철저한 노력이 필요합니다. 그러나 우리는 이러한 과정 없이 당장 눈앞의 물리적인 현상만을 해결하는데 급급하였고, 장기적인 관점에서 다문화가족이 건강하고 적응적으로 한국인으로 정착하고 뿌리내리는데 필요한 정신적·문화적 지원에 대하여 소홀했던 것이 사실입니다.

이 책의 목적은 바로 다문화가족 특히, 결혼이주여성과 한국인 남성이 만나 국제결혼을 통해 형성된 다문화가정을 적극적으로 이해하고 같은 문화와 사회에서 공존하고 있는 사회구성원으로 수용하는데 조금이나마 기여하고자 하는데 있습니다. 국제결혼을 통해 형성된 다문화가정은 우리나라의 다문화가정의 가장 큰 비율을 차지하고 있으며, 앞으로 상당수의 국제결혼가정의 자녀들이 성장하여 한국 사회의 구성원이 될 것이기 때문에 국제결혼여성과 다문화가족의 문제를 파악하고 그것을 해결하기 위한 노력이 필요합니다. 특히, 그들이 겪고 있는 문제의 본질은 대부분이 심리적인 갈등과 어려움과 관련이 있기 때문에 상담적인 관점에 초점을 맞추어 접근하는 것이 보다 효과적일 수 있습니다. 이에 본 책을 통하여 다문화가족과 다문화상담에 관심을 가지고 있는 독자에게 국제결혼으로 가정을 형성한 다문화가족과 그들의 문제를 해결하기 위한 상담적 접근과 방안의 이해를 도모하고자 합니다.

이 책은 총 6개의 장으로 구성되어 있습니다. 제 1장은 다문화의 의미와 우리나라 다문화가족의 현황을 알아보고, 서로 다른 문화를 가진 다문화가족의 문화적응 유형을 이해하는 내용으로 구성되어 있습니다. 제 2장에서는 다문화가족을 대상으로 한 상담자가 갖추어야 할 자질을 알아보고, 우리나라 결혼이주여성의 국가별 특징을 살펴봄으로써 결혼이주여성에 대한 이해를 도모하고자 합니다. 제 3장에서는 다문화가족의 자녀에게서 나타나는 다양한 문제를 살펴보고, 다문화가족의 아동을 대상으로 한 상담의 과정을 다루었습니다. 제 4장에서는 다문화가족 아동을 대상으로 한 실질적인 상담적 접근을 학교생활, 대인관계, 심리적인 특성이라는 영역에 초점을 맞추어 알아보도록 합니다. 제 5장에서는 결혼이주여성이 겪고 있는 갈등과 스트레스의 내용을 알아보고, 가족 내의 관계 즉, 부부, 부모-자녀 간에 발생하는 문제를 파악하도록 합니다. 제 6장에서는 결혼이주여성의 심리적인 문제를 해결하는데 도움이 되는 상담적 방안에 대하여 살펴보도록 합니다.

다문화가족과 다문화가족의 자녀의 문제에 대한 공감하고 그들의 문제에 대한 상담적 접근의 필요성을 인식하여 집필을 진행하였지만, 너무도 부족하고 미흡한 점이 많음을 인정하는 바입니다. 부족한 부분에 대하여 아낌없는 질책과 여러 선배, 동료, 제현들의 충고를 부탁드리며, 고견을 토대로 내용을 계속해서 개정해 나가도록 하겠습니다.

본 책의 집필을 대하여 저술출판사업의 지원을 아끼지 않은 세종사이버대학교에 감사드리며, 미흡한 책의 출판을 맡아 물심양면으로 도움을 주신 강현출판사의 오동석 사장님께 감사의 마음을 전합니다.

|| 차 례 ||

저자 서문 • 3

1장 다문화아동가족과 다문화상담의 이해 • 13

1. 다문화사회와 다문화가족의 이해 / 14
    1) 다문화와 다문화사회의 의미 / 15
    2) 다문화가족의 의미 / 17
    3) 다문화아동가족상담의 의미 / 19
2. 한국 다문화가족의 현황 / 24
    1) 한국에서의 다문화가족의 현황 / 25
    2) 한국의 다문화가족의 삶과 문제 / 26
3. 다문화가족의 적응 유형과 일반적 문제 / 38
    1) 다문화가족의 문화적응 유형 / 39
    2) 다문화가족이 경험하고 있는 일반적 문제 / 42

▶ 주요 핵심내용 정리 / 48

2장 다문화가족 상담자의 이해 • 53

1. 다문화가족 상담자의 자질과 특징 / 54
    1) 다문화가족 상담자의 자질 / 54
    2) 다문화가족 상담자의 특징 / 60
2. 다문화가족 상담자의 훈련 과정 / 62
    1) 다문화가족 상담자가 개발해야 할 기술 / 63
    2) 다문화가족 상담자의 훈련과정 / 65

3. 한국 관련 주요 다문화가족 국가의 문화적 특징 / 68
1) 베트남 / 68
2) 필리핀 / 72
3) 일본 / 74
4) 중국 / 76
4. 다문화가족 상담자의 상담기법 / 79
1) 관계형성기법 / 79
2) 경청기법 / 83
3) 질문 기법 / 85
▶주요 핵심내용 정리 / 89

3장 다문화가족 아동의 이해 • 93
1. 다문화가족 아동의 의미와 특징 / 94
1) 다문화가족 아동 / 94
2) 다문화가족 아동의 특징 / 96
2. 다문화가족 아동 및 자녀의 문제점 및 주요 상담영역 / 98
1) 언어 / 98
2) 정서 / 106
3) 교우 관계 / 109
3. 다문화가족 아동에 대한 주요 상담방법 / 114
1) 1단계: 초기 탐색의 단계 / 115
2) 2단계 / 116
3) 3단계 / 117
4) 4단계 / 118
▶주요 핵심내용 정리 / 121

4장 다문화가족 아동의 문제행동과 상담전략 • 125
1. 다문화가족 아동을 위한 상담적 접근 / 127
1) 다문화가족 아동상담에서 유의할 점 / 127
2) 다문화가족 아동상담의 이론적 이해 / 129
2. 다문화가족 아동상담에서의 학교 관련 영역 / 133
1) 다문화가족 아동의 학교생활 / 133
2) 다문화가족 아동의 교과학습에서의 공통점 / 136
3) 다문화가족 아동의 학습 문제 / 142
4) 다문화가족 아동의 학교생활 관련 상담 / 143
3. 다문화가족 아동상담에서의 대인관계 영역 / 153
1) 다문화가족 아동의 대인관계 특징과 문제 / 154
2) 다문화가족 아동의 대인관계 문제 상담 / 160
4. 다문화가족 아동상담에서의 심리적 특성 영역 / 166
1) 다문화가족 아동의 심리적 특성과 갈등 / 167
2) 다문화가족 아동의 심리적 특성 상담 / 169
▶ 주요 핵심내용 정리 / 175

5장 다문화가족의 부부 및 부모-자녀의 이해 • 181
1. 결혼이주여성의 결혼적응에 영향을 미치는 요인 / 182
1) 가치관 특성 / 183
2) 상호관계 특성 / 186
3) 문화적응 태도 / 188
4) 기타 요인 / 193
2. 다문화가정의 부부갈등 구조 / 198
1) 결혼 이전 배우자 선택과정 / 198
2) 결혼 이후 다문화 부부갈등 구조 / 205

3. 다문화가족의 부모-자녀 관계에 대한 이해 / 211
1) 자녀 양육의 문제 / 212
2) 다문화가족의 부모-자녀 관계의 이해 / 215
▶ 주요 핵심내용 정리 / 219

6장 다문화가족의 부부 및 부모-자녀 상담 • 223
1. 다문화가족 결혼이주여성의 상담문제에 대한 이해 / 224
1) 결혼이주여성에 대한 잘못된 인식 / 226
2) 차별 / 230
3) 기타 / 232
2. 다문화가정 결혼이주여성을 위한 상담의 기본원리 / 237
1) 다문화상담 전문성 / 238
2) 상담 서비스의 적시성 / 240
3) 문화적 개방성 / 241
4) 상담체계 및 상담기법 적용의 유연성 / 241
5) 자원의 연계성 / 243
3. 다문화가족상담의 경로체계 / 246
1) 다문화가족상담의 경로체계 / 246
▶ 주요 핵심내용 정리 / 253

참고문헌 • 254
저자소개 • 264

1

다문화아동가족과 다문화상담의 이해

1장 다문화아동가족과 다문화상담의 이해

생각해보기

우리나라에서 다문화가족의 비율은 꾸준히 증가하고 있으며, 농촌 지역의 경우에는 네 가족 중 한 가족은 다문화가족이라고 합니다. 그럼에도 불구하고, 다문화가족에 대한 제도적·사회적 지원은 미비한 실정입니다. 다문화가족이 한국 사회에서 건강하고 적응적으로 정착하기 위해서는 다문화가족을 위한 법률적 차원의 보호와 사회복지적 차원의 지원이 필요하지만, 하루가 다르게 증가하고 있는 다문화가족의 증가 속도에 훨씬 미치지 못하는 정부의 대처와 제도에 다문화가족의 어려움을 줄어들지 않고 있습니다.

사실 다문화가족의 고통을 더욱 가중시키는 것은 다문화가족에 대한 사회적 인식이라고 볼 수 있습니다. 다문화가족을 나의 이웃, 나의 가족으로 당연하게 받아들이는 것이 아니라 이방인, 주변인으로 인식하고 있으며, 다문화가족에 해당하는 결혼이주여성, 외국인근로자 가정, 북한탈주민에 대한 곱지 않은 시선과 편견, 고정관념을 가지고 있는 것이 사실입니다. 이로 인해 다문화가족을 향한 사회적 차별이 발생하고 있으며, 다문화가족의 자녀들에게 더욱 심각한 결과를 초래하고 있습니다. 다문화가정에서 태어났다는 것만으로 어린 시기부터 자신의 존재에 대한 정체성의 혼란을 경험하게 되고, 정신건강에 위협을 받기도 합니다.

1. 다문화사회와 다문화가족의 이해

현대사회는 여러 가지 면에서 전통적인 사회와 구별된다. 산업화가 가속화되면서 기술, 경제의 변화가 나타났고, 생산과 소비활동이 지역에서 벗어나 범국가적으로 확대되었다. 시공간적 한계에서 벗어나면서 가족과 개인의 삶의 형태와 생활패턴도 바뀌게 되었다. 이러한 현대인의 삶의 특징을 정리하면, 문화양식, 생활양식이 복잡해지고 다양해지면서 다음 세대로의 전수가 사라지고, 변화하는 환경에 대한 유연성을 가진 삶의 모습을 가지게 되었으며, 전통이나 사회적 통제에서 벗어나게 되었지만 심리적으로는 불안정해졌다는 것이다(Keupp. 2006).

이와 같은 현대인의 삶의 변화는 결혼생활에서도 나타났다. 전형적인 가족의 기능과 형태가 점차 사라지고 있으며, 이혼과 재혼의 횟수도 증가하였고, 동일 민족, 동일 국가의 테두리에서 벗어나 배우자를 선택하는 비율도 증가하였다.

우리나라도 예외는 아니다. 우리나라를 비롯한 일본, 포르투갈, 이탈리아 등 몇몇 국가는 다른 나라에 비해서 민족, 언어의 면에서 사회 구성원 간의 동질성이 상당히 높은 편이기는 하지만(장인실 외, 2012), 다문화, 다민족 사회로 점차 변화하고 있는 것은 명백한 사실이며, 최근 우리나라의 다문화가정 증가율에 비추어 보았을 때 상당히 빠른 속도로 다문화사회로 전환될 것이다.

1) 다문화와 다문화사회의 의미

다문화는 서로 다른 문화가 부딪히고 영향을 주는 가운데 각 문화를 연결시키고 조화롭게 적용하려는 사회적 필요성에 의해서 발생한 개념이다(한경구, 2008). 즉, 독특하고 독립적인 문화의 형태들이 하나의 조합을 이룬 상태를 의미한다. 현대사회로 도래하면서 대부분의 나라는 다문화를 공유하는 사회로 전환하였다. 직업에 따라 주거지가 변화하면서 지역을 벗어나 해외에 정착하게 되었고, 이혼, 재혼이 증가하면서 새로운 가족관계와 가족형태가 형성되었으며, 신분과 직업의 탈세습화가 나타나면서 개인의 사회적 지위의 이동 등이 그 원인으로 언급되고 있다(Walzer, 1993).

<사진> 오바마의 지구촌 가족[1)]

1) 뉴욕타임즈 2009년 1월호에 실린 오바마의 가족 사진이다. 오바마는 미국 대

이와 같이 다양한 인종, 민족, 언어, 종교, 문화적 배경 등을 지닌 구성원으로 구성된 사회를 다문화사회라고 할 수 있다. 다문화사회를 구성하는 구성원들과 관련한 제반 제도 장치나 활동 등에서 문화 및 정체성의 다양성을 존중하고 장려하고자 하는 정치이념 또는 정책 등을 다문화주의라고 한다(차윤경, 함승현, 2012). 다문화주의는 주류문화의 집단이 소수문화의 집단을 존중하고 그 지위를 동등하게 여기고 존중하는 인식의 태도라고 볼 수 있다(Taylor, 1992). 다문화주의는 어떤 대상에 대한 사상과 신념이기 때문에 국가, 사회, 집단, 개인에 따라서 다른 양상을 보일 수도 있다. 우리나라의 경우 1990년대부터 한국의 다문화주의에 대한 이론적 논의를 이끌어 온 '사단법인 국경 없는 마을'에서는 다문화주의에 대하여 "상이란 국적, 인종, 문화적 배경, 성, 연령, 계층적 귀속감 등에 관계없이 보편적 인권 개념에 기초하여 다양한 문화 주체가 상호존중하며 어우러져 살아갈 수 있는 공동체 문화와 제도적 인프라를 만들어 내기 위해 집합적인 노력을 경주하는 것"이라고 정의내리고 있다(사단법인 국경없는 마음, 2006).

이와 같은 온건하며 인정적인 다문화주의와 달리 현실에서는 다문화사회의 구성원에 대하여 혹독하고 차별적인 관점을 취하고 있는 것으로 보인다. 특히, 우리나라의 경우, 역사적으로 단일민족과

통령으로서는 특이한 다문화 가족배경을 가졌다. 케냐 출신 친부와 미국 백인인 친모 사이에서 태어난 오바마는 두 살이 되던 해에 부모가 이혼하면서 하와이에서 잠시 거주하였다가 친모가 인도네시아인인 양부와 재혼하면서 인도네시아에서 아동기를 보냈다. 친모는 오바마에게 선진국의 교육을 받도록 하기 위해 다시 하와이로 이주하여 외조부모와 살게 되었고, 오바마는 어린 시기부터 다문화의 문화와 생활양식, 언어 등을 경험한 특이한 배경을 갖게 되었다.

동질성을 강조해 온 사회의식이 다른 나라에 비해서 강력한데다가 다문화주의에 대한 제도나 정책 등에 대한 고민 없이 국제결혼 증가와 외국인노동자의 대량 유입, 북한탈주민의 증가 등의 사회현상이 나타나면서 여러 가지 부작용이 드러났다. 결혼이주여성의 부적응, 국제결혼가구의 이혼율 증가, 다문화가족의 정체감 혼재 등의 문제가 심각해지면서 우리나라의 다문화주의에 대한 논의가 필요함을 인식하게 되었고, 다문화주의에 입각한 정책과 제도 마련의 시급함을 깨닫게 되었다.

우리나라가 건강하고 적응적인 다문화사회, 다문화가정을 위해서 해결해야 할 과제는 크게 두 가지로 분류할 수 있다. 첫 번째는 우리나라의 다문화주의와 그에 따른 다문화사회의 비전 마련이다. 즉, 다문화사회의 구성원들의 인권과 지위를 보장받을 수 있는 사회제도 마련을 위한 다문화주의를 성립하는 것이다.

두 번째는 우리나라 전체 구성원들의 현실적인 정체성을 재정립하는 것이다. 이미 우리나라는 다문화사회, 다문화국가라는 전 세계적 변화에 따르고 있다. 과거의 단일민족, 단일 국가라는 정체성에서 벗어나 변화된 현실을 반영한 다문화사회로서의 정체성으로 새롭게 규정하고, 정부, 민간단체 등에서 주도하는 움직임이 아닌 한국 사회 구성원 전체가 정체성 재정립에 동참하고 실천하는 노력이 필요하다.

2) 다문화가족의 의미

우리나라에서 다문화가족의 의미를 구분하는 기준은 두 가지로 나누어 볼 수 있다. 첫 번째는 서로 다른 국가, 인종, 언어, 문화적 배경을 가진 부부가 만나 결혼함으로써 가정을 형성하는 경우를 다문화가족이라고 한다. 보다 구체적으로 말하면, 다문화가족 지원법에 규정된 법률적 의미로서 한국인과 외국인의 국제결혼으로 구성된 가정 즉, 법적으로 다문화가족은 국제결혼가족을 말하는 것이다.

다문화가족에 대한 두 번째 의미는 첫 번째 의미보다는 광의의 의미로서 결혼이주자, 이주노동자, 북한탈주민, 유학생, 재외동포 등과 같이 한국인과 다른 문화적 배경을 가진 사람들이 가정을 형성한 경우를 말한다(남복현, 2010). 우리나라에서 다문화가족은 해방과 전쟁을 거친 후부터 지금까지 한국에 머물게 된 외국인과 한국인이 가정을 꾸리기도 하고, 취업, 학업 등으로 우리나라에 왔다가 한국인과 결혼하여 우리나라에 정착하게 되기도 하거나 북한에서 탈출하여 한국인과 결혼하여 가정을 꾸리면서 형성되었다.

두 가지 기준에 입각하여 다문화가족이라고 말할 수 있지만, 우리나라에서 압도적인 수로 다문화가족을 형성한 경우는 국제결혼가족이라고 말할 수 있다. 특히, 1990년대 농촌의 결혼적령기 남성들을 위해서 정부 주도로 추진한 '농촌 총각 장가보내기'운동은 국제결혼의 급증에 크게 기여하였으며, 주로 조선족, 필리핀, 베트남, 캄보디아, 일본 등 아시아 국가의 여성들을 배우자로 맞이하였다. 1995년경에는 한국인 남성과 외국인 여성의 국제결혼비율이 한국인 여성과 외국인 남성의 국제결혼비율보다 앞서기 시작하고, 그 이후로는 압도적인 격차를 보였다. 한국인 남성과 외국인 여성의 국제결혼이 우리나라 다문화가족을 형성하고 사회적인 영향력을 행사하게 된 것은 국제결혼 비율의 증가뿐만 아니라 한국에 정착하게 되었기 때문이다(박대식, 최경은, 2008). 대부분의 국제결혼을 한 결혼이주여성은 더 나은 삶을 살고자 남편의 국가인 한국에 정착하고자 하였으며, 우리나라의 사회구성원이 되고 자녀를 출산하면서 다문화가족을 형성하게 된 것이다.

3) 다문화아동가족상담의 의미

다문화상담의 출발은 1960년대 미국을 중심으로 한 교차문화적 상담에 대한 관심이 촉발되면서부터라고 볼 수 있다. 미국에서 교차문화적 상담은 주로 백인 상담자가 소수민족 내담자를 상담하는 것을 의미하였다(박회숙, 1996). 교차문화적 상담은 점차 민족 간의 문화적 차이를 넘어서 같은 민족 내에서도 상담자와 내담자 에 존재하는 특성 즉, 성별, 나이, 사회경제적 지위와 수준, 가치관 등을 포함한 모든 문화적인 배경의 차이를 포함하는 것이었다. 교차문화적인 특성에 초점을 맞추고 있던 상담의 분야는 이내 다문 상담(multicultural counseling)이라는 용어를 사용하기에 이르렀으며, 이후 다문화상담에 대한 끊임없는 관심과 연구를 토대로 다문화상담과 교차문화적 상담에 대한 이론이 생성되고 미국의 상담학 전공 대학원에서는 상담의 문화적 접근에 대한 과목이 필수전공과목으로서 선정되기에 이르렀다(한재희, 2004).

이처럼 이미 오래 전부터 다문화사회를 형성하여 다문화가족이 당면하는 문제와 고민에 대한 토대가 상당히 진행되어 온 미국에서는 다문화상담에 대하여 포괄적이고도 문화적인 측면에서 정의

하고 있다. 대표적인 예로서 Sue와 Torino(2005)는 다문화상담을 조력하는 역할이자 과정으로 정의하면서 내담자의 생활경험 및 문화적 가치와 일관된 상담 목표와 양식을 사용하며, 상담자가 내담자를 조력하는 과정에서 개인적, 문화 특수적 전략과 역할을 적용해야 하고, 내담자의 문화적 관점에서 내담자와 내담자의 심리적 상태를 진단, 평가하며, 개인주의와 집단주의 간의 균형을 맞추어 심리적인 치료를 진행해야 한다고 정의내리고 있다.

또한, 다문화상담은 상담에서 호소하는 문제 유형 자체에서 차이가 있다는 주장도 있었다(Tracey, Leong, & Gridden, 1986). 아시아계 미국인 내담자들은 백인 내담자들에 비해서 자신의 개인적, 정서적인 문제보다는 자녀교육의 문제, 진로 문제를 더욱 심각하게 인식하고 있었는데, 이러한 문제는 아시아계 문화에 속한 사람들이 갖고 있는 가치관이나 이주민이라는 심리적인 위치와 관련이 있다고 간주하였다. 그러므로 내담자의 문화적 배경에 따라 문화적 차원의 상담 기법과 지도의 방향 모색이 필요하다고 주장하였다.

(1) 다문화상담의 내용

다문화상담은 국가, 민족, 인종, 종족의 테두리에서 이해되는 개념으로서 인종, 민족, 성, 장애 유무, 연령 등에 의한 차이는 개별가족이나 개인적 차이보다 크며 사회불평등적 요소를 가지고 있다고 말할 수 있다. 다문화상담의 배경에는 이러한 불평등적 요소를 이슈화하여 개선하려는 의도가 강력하게 함의되어 있기 때문에 일반적이고 전통적인 상담의 개념과 대조를 이루고 충돌을 일으키기도 한다. 이와 같은 다문화상담의 정의에 따라 효과적인 다문화상담의 핵심적인 내용을 정리하면 다음과 같다.

- 상담자의 역할과 상담 과정의 확장: 효과적인 다문화상담은 상담자의 역할을 확장하고, 상담에 적절하고 유용하다고 판단되는 치료기술과 기법을 확대하여 사용한다. 전통적인 상담에서 상담자는 수동적이고 객관적인 조력의 과정을 담당하였으나 다문화상담에서는 이에 더하여 교육, 자문, 내담자 보호와 옹호 등의 역할을 추가한다.
- 문화적 가치에 따라 상담의 목표와 기술의 적용: 효과적인 다문화상담은 인종, 문화, 민족, 성별 등 내담자의 다양한 문화적 배경에 따라 상담의 목표와 상담기술을 적절하게 적용할 수 있다. 예를 들어, 집단에 따라 경청과 수용보다 충고와 제언 등의 상담기술이 보다 효과적일 수 있다.
- 복합적인 측면의 정체성 상담: 효과적인 다문화상담은 내담자가 자신의 정체성에 대하여 개인적 독자성, 집단, 인간보편성이라는 복합적인 측면을 모두 포함하고 있다는 점을 인정하고, 내담자가 이를 인식하도록 하는데 주력해야 한다.

- 보편적 상담전략과 문화 특수적 상담전략의 적용: 효과적인 다문화상담은 내담자가 가지고 있는 다양한 문화적 배경에 따른 문화 특수적인 전략을 적용하는 것이다. 문화 특수적 전략에 내담자는 가장 잘 반응하기 때문이다. 예를 들어, 아시아계 미국인은 직접적이고 적극적인 상담자의 조력에 효과적이고, 아프리카계 미국인은 정직하게 자기개방을 하는 조력자를 존경하고 따른다. 문화특수적인 전략과 더불어 상담은 조력과정이라는 공통적이고 보편적인 상담전략도 적용해야 된다는 점도 잊지 말아야 한다.
- 내담자와 내담자의 환경 체계에 대한 이해: 효과적인 다문화상담을 하기 위해서 상담자는 이중적인 역할을 감당해야 한다. 첫 번째는 내담자 개인에 초점을 맞추어 내담자가 자신에 대한 통찰과 수용을 이루고 새로운 행동을 학습하도록 권장하는 전통적인 상담자의 역할이며, 두 번째는 다른 국적과 인종의 내담자일 경우 내담자의 문제가 고용주, 지역사회, 학교, 정부, 기업, 사회의 편견과 차별, 인종차별주의에 의한 것이라면 내담자의 환경체계의 변화에 적극적으로 개입하는 역할이다.

결국 다문화상담은 국가, 인종, 민족, 성, 장애, 연령 등에 있어 소수이거나 약자이기 때문에 경험되는 현상들에 의도적이고 명시적으로 직면하여 내담자가 당면문제를 해결하고 자아성장을 이루도록 돕는 것이라고 말할 수 있으며, 상담자와 내담자의 관계의 특성에 초점을 맞추어 볼 때, 성별, 주거지역, 나이, 교육적 배경까지도 포함하여 다른 문화적 배경을 가진 상담자와 내담자의 관계라고 보는 개념이라고도 볼 수 있다.

(2) 한국 다문화아동가족상담의 내용

다문화아동가족상담은 이러한 다문화상담을 다문화가족을 대상으로 하여 이루어지는 상담으로서 가족 간의 갈등, 호소문제뿐만 아니라 자녀의 양육, 자녀의 적응 등을 상담을 통해 해결하고자 하는 것이라고 말할 수 있다.

우리나라의 다문화아동가족상담에서 다루는 내용은 크게 네 가지로 구분하여 볼 수 있다.

- 다문화가족 내에 존재하는 문화적 차이에 대한 이해를 증진: 한국의 전통적 가치관과 문화적 배경을 가진 배우자 및 배우자 가족과 결혼이주 배우자간의 문화적 충돌과 갈등 문제를 이해하고, 가족 내의 문화적 차이를 수용하도록 조력하고 지지해야 한다.
- 문화적 부적응으로 인한 결혼이민자의 심리적 문제해결: 한국어를 습득하지 못하거나 문화적응 훈련을

거치지 않은 채 결혼하여 한국으로 이주한 배우자가 겪는 다양한 심리적 문제와 고통을 파악하여 보다 효과적으로 해결할 수 있는 상담기술을 적용한다.

■ 문화적 차이로 인한 가족구성원 간의 갈등을 예방: 서로 다른 문화를 가진 배우자가 만나 구성된 다문화 가족 내에서 발생하는 문제 즉, 부부갈등, 부모-자녀 관계 문제, 원가족과의 충돌 등에 대하여 상담적 접근을 활용하여 예방하도록 한다.

■ 문화적 차이로 인해 발생하는 가족문제의 해결: 다문화가족 내에서 발생하는 가족 문제, 즉, 이혼, 가정폭력, 가출, 자녀양육 등의 문제를 효과적으로 해결하고 대처할 수 있는 상담과정을 적용하도록 한다.

2. 한국 다문화가족의 현황

우리나라의 다문화가족은 대부분 국제결혼으로 이루어진 경우라고 말할 수 있다. 한국전쟁 직후 우리나라의 국제결혼은 한국 여성과 외국 남성 간의 결혼이 대다수였는데, 한국에 주둔하고 있던 미군과 한국 여성간의 결혼이 전형적인 국제결혼의 모습이었다. 그러나 한국 여성과 외국 남성의 국제결혼은 우리나라 다문화가족의 형성에는 그다지 영향을 미치지 못하였다. 양적인 수가 적었을 뿐만 아니라 한국에 정착하기보다는 남편의 국가로 이주하였기 때문이다.

그 이후 1990년대 들어서 농촌사회의 남녀 구성비의 극심한 불균형 현상이 나타나고 한국 여성이 농촌으로 결혼하여 정착하는 것을 기피함으로써 농촌 남성의 결혼문제가 사회문제로 대두되자 정부 주도의 '농촌총각 장가보내기'운동이 추진되었다. 더군다나 중국, 베트남, 필리핀, 캄보디아, 일본을 중심으로 결혼중개업소가 난립하면서 국제결혼의 가파른 증가세가 나타났다.

또한, 외국인이주노동자의 증가와 함께 본국의 가족들을 한국으로 이주시켜 가정을 이루는 이주노동자 가정의 수도 증가하고 있으며, 2000년대 들어 급증한 탈북이주민 역시 한국에 정착하여 가정을 형성하면서 다문화가족의 하나의 축을 이루고 있다.

1) 한국에서의 다문화가족의 현황

1990년대 이후 결혼이주여성의 증가와 고용허가제 도입에 따른 외국인이주노동자의 증가로 우리나라는 이미 자연스럽게 다문화사회로 전환되었다고 말할 수 있다. 실제로 1980년대 말에 결혼과 고용의 이유로 우리나라로 이주한 외국인의 수는 40,000명이었는데, 1995년에는 100,000명, 2000년 210,000명, 2007년 725,000명, 2009년 1,106,884명이었으며, 2010년에는 1,139,283명인 것으로 나타났다(행정안전부, 2010). 2010년 국내 이주한 외국인 중 국제결혼이주민은 125,087명이고, 외국인 근로자는 558,538명인 것으로 나타났으며, 국제결혼 건수는 전체

결혼 건수에서 차지하는 비중이 10.5% 정도로 대략 10쌍 중 1쌍은 국제결혼을 하고 있다고 볼 수 있다(통계청, 2011).

국내 거주 외국인의 자녀 수 또한 급증하고 있는데, 결혼이주여성이 어머니인 다문화가족의 자녀 중 고등학생은 1,624명, 중학생은 4,814명, 초등학생은 23,602명으로서 전년도에 비해 고등학생은 4배, 중학생은 3배, 초등학생은 10배의 증가세를 보이고 있다(교육과학기술부, 2011). 이러한 추세에 비추어 보았을 때, 현재 초등학교에 재학 중인 다문화가족 자녀가 중등학교로 진학하게 되기 전에 다문화가족 자녀들의 심리적인 문제에 대한 해결 방안과 대처가 마련되지 않는다면 상당히 심각한 사회적 문제로 심화될 것이다.

그 외에도 외국인 이주 근로자의 자녀의 수는 1,748명으로, 고등학생이 203명, 중학생이 446명, 초등학생이 1,099명이지만, 현재 외국인 근로자 자녀 중 6세 이하의 아동 수가 64,040명이기 때문에 이들이 취학연령에 도달하여 진학을 하게 되었을 때 이들을 위한 교육적 대비와 함께 심리적인 적응 마련을 준비하지 않는다면 발생할 문제 역시 심각하다고 말할 수 있다(교육과학기술부, 2011).

2) 한국의 다문화가족의 삶과 문제

한국에 정착하여 살고 있는 다문화가족은 크게 세 가지 유형으로 구분할 수 있다. 첫 번째는 한국인 남성과 외국인 여성이 결혼하여 가정을 형성한 국제결혼가정이며, 두 번째는 우리나라의 노동시장에 경제활동을 목적으로 입국한 외국인 근로자나 그들의 가족을 말하는 외국인 근로자가정이다. 세 번째는 탈북하여 한국에 정착하여 한국인 배우자와 결혼하여 가정을 형성하거나 탈북이주민이 결혼하여 가정을 형성한 탈북이주민 가정이다. 각 가정의 형성 배경과 생활양식의 특징, 그리고 그들이 느끼는 문제들에 대하여 살펴보도록 하겠다.

(1) 국제결혼가정

국제결혼가정은 한국인 남성과 외국인 여성 또는 한국인 여성과 외국인 남성의 결혼으로 이루어진 가정을 의미한다. 한국전쟁 직후에는 외국인 남성과 한국인 남성의 결혼을 국제결혼가정으로 인식하는 경향이 강했으나, 2009년 통계에 따르면, 외국인 남성과 한국인 여성의 결혼은 8,158건인 반면에 한국인 남성과 외국인 여성의 결혼은 25,142건으로 나타나면서(통계청, 2011) 우리나라에서 국제결혼가정의 의미는 한국인 남성과 외국인 여성의 결혼으로 이해된다고 해도 과언이 아니다.

우리나라에서 국제결혼가정의 본격적인 형성은 1992년 한·중 수교가 맺어지면서 한국의 농촌 총각과 조선족 여성의 결혼 건수가 증가하면서 나타났다. 이후 결혼이주여성의 국가가 필리핀, 베트남 등으로 확대되었다. 이처럼 여러 국가의 여성이 결혼과 함께 한국으로 이주하여 정착하려는 이유는 거의 대동소이하였다. 농촌의 결혼이주여성을 대상으로 국제결혼을 선택한 동기를 조사한 결과, 베트남 여성의 경우 한국에서 취업을 통해 본국의 가족에게 경제적인 도움을 주고자 하는 목적이 가장 많았고, 조선족 여성도 크게 다르지 않았다(이순형, 2006). 일본과 필리핀의 결혼이주여성의 경우는 종교적인 이유로 국제결혼을 하게 된 경우가 많았으며, 베트남과 캄보디아 여성의 경우는 결혼중개업체를 통해 배우자를 만나고 결혼을 선택한 비율이 가장 높았다(여성가족부, 2010a).

국제결혼을 선택한 한국인 남성을 살펴보면, 최근 5년간 한국의 농림어업 종사자의 40%가 외국인 여성과 결혼을 선택하였으며, 베트남 등의 동남아시아 여성들이 순종적이고 시부모에게 잘할 것이라는 생각으로 결혼을 결심하게 되었으며, 조선족 여성과 결혼하는 경우는 한국 사람과 외모에서 거의 차이가 없기 때문인 것으로 나타나면서(김혜온, 2012) 결혼적령기를 맞은 한국인 남성들은 국제결혼을 선택하는 이유도 가부장적인 가치관이 반영된 것이라고 유추할 수 있다.

이와 같은 국제결혼가정의 건수가 급격하게 증가하고 있지만, 결혼이주여성과 국제결혼가정이 당면한 문제와 갈등, 어려움에 대하여 관심을 갖기 시작한 것은 얼마 되지 않는다. 국제결혼가정이 가지고 있는 문제는 크게 세 가지로 구분할 수 있다.

첫째는 결혼이주여성의 언어와 문화적응과정에서 발생하는 스트레스와 관련이 있다. 한국어 습득이 이루어지지 않거나 미숙한 채 한국에 이주한 결혼이주여성은 의사소통의 어려움을 경험하게 된다. 의사소통이 어려워지게 되면 가족 간의 갈등이 불거지면서 결혼생활 전반에 영향을 미치게 되고, 결혼위기에 놓이기도 한다(이순형, 2006). 한국어 사용에 미숙한 상태는 인간관계를 형성하는 데에도 어려움을 느끼게 하고 사회생활도 꺼리게 된다. 이처럼 국제결혼여성들은 기본적인 의사소통도 되지 않은 상태에서 낯선

가족문화에 적응하면서 가정을 이루고 자녀를 출산하고 양육해야 하는 상황에 놓이게 되는 것이다.

또한, 결혼이주여성은 언어뿐만 아니라 한국에서 정착하는 과정 중에서 한국과 한국인의 문화에 적응하지 못하면서 갈등을 겪게 된다. 음식, 생활습관, 생활양식 등의 차이로 인해 스트레스를 느끼고, 한국의 가부장적인 문화에 대하여 거부감을 느끼고 충돌하게 된다고 한다(박주희, 정진경, 2007)

두 번째는 가족관계 및 인간관계의 문제와 관련되어 있다. 최근 국제결혼의 경로를 보면, 절반 이상이 비싼 소개료를 내고 결혼중개업체를 통해서 이루어지고 있다. 서로에 대한 정보나 이해 없이 결혼하게 되면서 정서적 교감이나 애정에 기반하지 않은 결혼생활 속에서 부딪히게 되고, 한국인 남성의 원가족인 시부모의 지나친 간섭, 비인격적 대우 등으로 가정불화가 발생하게 되는 것이다. 더군다나 결혼이주여성은 자신의 원가족과 완전히 격리, 분리된 상태에서 제대로 연락도 하지 못한 채 자신의 정서적·심리적인 문제를 공유할 수 인간관계를 전혀 형성하지 못하면서 더욱 어려움에 처하게 되는 것이다. 인간관계를 형성한다고 하더라도 대개 자국 출신의 사람들끼리만 교류하다보니 한국 사회 적응에 도움이 되는 정보나 적응기제를 얻는 데는 한계가 나타나는 것이다.

세 번째는 자녀양육과 관련된 것이다. 결혼이주여성이 가장 어려움을 느끼는 부분이 바로 자녀양육에 대한 것으로, 한국어에 미숙한 결혼이주여성은 자녀의 언어발달에 대한 염려와 고민을 하게 되고, 자녀의 학교생활에 대한 도움을 주지 못할 것에 대한 두려움을 느끼는 것이다. 한국인 남편에게 양육에서 적극적인 도움을 구하기 어려운 상황 속에서 자녀의 양육과 교육을 감당해야 한다는 고충도 이만저만이 아니다.

또한, 국제결혼가정의 자녀들은 자신이 태어나고 성장한 한국 사회에서 경험한 차별과 편견으로 인해 이질감, 분노감, 부담감을 많이 느끼며, 학령기 동안 학교적응의 문제가 심각한 수준에까지 도달하는 경우도 나타나고, 일반 가정의 학생들과 학력 격차도 심한 것으로 나타났다. 사춘기에 도달하면 자아정체감 혼란까지 경험하면서 도벽, 거짓말, 공격성, 신체화 증상, 게임 중독 등의 부적응 행동을 경험하기도 한다.

(2) 외국인 근로자가정

외국인 근로자가정은 외국인 남성과 외국인 여성으로 이루어진 가정을 말하거나 단독 또는 동료들과 생활하는 외국인 근로자를 말한다. 2011년 기준으로 보았을 때, 국내에 체류하는 이주노동자는 약 57만 명 정도로 추산되며, 이 중 단순기능 인력을 포함, 산업연수생, 비전문취업자, 방문취업자를 포함한 인력이 53만 명 정도로 약 92%에 해당하며, 전문 인력은 7%에 불과한 것으로 나타났다(법무부 출입국, 외국인정책본부, 2011).

외국인 근로자의 국적을 살펴보면, 중국 국적이 31만 명으로 전체 외국인 근로자의 54% 정도로 가장 많은 비율을 차지하였는데, 이 중 29만 명이 조선족에 해당하는 것으로 나타났다. 다음으로는 베트남이 10.3%, 필리핀이 5.3%, 태국이 4.2%, 우즈베키스탄이 3.4%, 스리랑카는 3.0%에 해당한다(법무부 출입국, 외국인정책본부, 2011).

외국인 근로자 중 본국의 가족들을 한국으로 이주시켜 자녀와 함께 거주하는 경우도 있다. 자녀의 일부는 국내의 학교에 재학하기도 하는데, 약 1,700여 명 정도인 것으로 나타났으며 매년 증가하고 있는 추세이다(교육과학기술부, 2010a). 그러나 체류나 신분의 문제로 인하여 학교에 진입하지 못하는 미취학 상태의 자녀에 대한 파악은 어려운 상태라고 볼 수 있다.

외국인 근로자 중 가장 많은 비중을 차지하는 조선족을 대상으로 이주 동기를 살펴보았을 때, 젊은 연령층은 경제적 지위 상승에 대한 욕구가 가장 많은 비율로 나타났으며, 중·장년층은 자신보다는 자녀의 지위 상승을 위해서 이주한 비율이 높은 것으로 나타났다(권태환, 박광성, 2005). 즉, 본국의 자녀가 고등교육기관에 진학하는데 필요한 비용을 벌기 위하여 우리나라에 임시 체류의 성격을 띠고 진출하였다는 것이다. 또한, 조선족은 우리나라에서 의사소통이 비교적 자유롭고, 한국의 임금 수준이 비교적 높은 편이기 때문에 선택하기도 하며, 조선족 근로자 수가 증가하면서 네트워크가 잘 형성되어 한국에 체류하고 정착하는데 필요한 정보와 자원을 쉽게 구할 수 있기 때문에 자신들만의 문화를 형성하여 한국 사회의 영향을 덜 받을 수 있다고 한다(김혜온, 2012).

외국인 근로자가 겪는 문제와 어려움을 살펴보면, 첫 번째는 노동인권과 관련된 것이다. 외국인 근로자의 경우 근로계약의 전 과정에서 기본적인 권리를 제대로 인정받지 못하고 있다(박철희, 2012). 외국인 근로자 대부분이 자신이 일할 직장과 직종, 조건 등에 대한 정보를 제대로 파악하지 못한 채 근로계약을 체결하고 있으며(전형배, 2010), 취업을 한다고 하더라도 열악한 노동환경에서 산업재해의 위험 속에서 생명을 걸고 일해야 하는 환경이 많은 것으로 나타났다(이선웅 외, 2008). 또한, 언어 폭력, 여권 압류, 신체적 폭행, 등의 인권침해를 경험한 외국인 근로자가 33% 이상으로 조사되었으며(유길상 외, 2007), 국내 근로자에 비하여 현저하게 적은 임금을 받는 것으로 나타났다(한국노동연구원, 2010).

두 번째는 불법체류와 관련된 것이다. 우리나라에 취업자격으로 체류하는 외국인 근로자 중 약 9.2%에 달하는 대상이 불법체류자인 것으로 나타났다(법무부 출입국, 외국인정책본부, 2011). 불법체류가 발생하는 이유는 고용주와 노동자 간의 정보 비대칭으로 외국인 근로자가 취업 후 고용주와 마찰을 빚고 사업장을 변경하여 재취업하려는 경우 사업장 변경 횟수와 기간의 엄격한 제한으로 인해 체류자격이 말소되어 불법체류자로 전락하기도 한다. 이렇게 불법체류하는 외국인 근로자는 신분의 불안정으로 인해 낮은 임금과 열악한 환경, 부당한 처우 등에도 저항할 수 없는 상황이 되는 것이다.

세 번째는 자녀양육과 관련된 것이다. 국내로 이주하여 가정을 이루는 외국인 근로자가정의 경우는 자녀양육과 교육과 관련된 문제에 직면하게 되는데, 특히 교육문제는 심각한 수준의 어려움을 겪고 있다. 외국인 근로자와 그 가족의 권리보호에 관한 국제협약 부재로 인하여 외국인 근로자가정 자녀의 법적지위를 보장받을 수 없을 뿐만 아니라 외국인 근로자가정을 대상으로 지원되는 양육 지원체계는 매우 협소하기 때문에 자녀를 교육기관에 제대로 교육받도록 하는 것은 불가능하다. 게다가 불법체류자의 자녀인 경우에는 자녀가 태어나도 출생신고를 할 수 없어서 무국적자가 되어 양육, 의료 지원을 받을 수 없게 된다(경기도다문화교육센터, 2009). 학교에 다닌다고 하더라도 학습언어를 제대로 하지 못해 학교 공부를 제대로 따라가기 어렵고, 학업에 흥미를 잃기 쉬우며 또래와의 관계, 학교생활 적응 등의 문제로 인해 제대로 학교생활을 하는 것은 매우 힘든 일이다. 그래서 학업을 중단하는 중도탈락률도 상당히 높은 편이다.

한국에 거주하는 외국인근로자 가정이 여러 가지 어려움을 겪고 있는 가운데, 중국의 조선족 사회 역시 심각한 문제에 봉착하고 있다. 가족이 헤어져 살게 되면서 부모의 통제와 보호에서 벗어난 자녀의 일탈, 교육문제 등이 나타나고 있으며, 부부 별거로 인해 발생하는 여러 가지 문제가 위험한 수준에 도달하고 있다. 또한, 조선족 여성이 한국 남성과의 국제결혼에 집중함으로써 조선족 혼인시장의 균형이 깨지는 등의 문제도 나타나고 있다(권태환, 박광성, 2005).

(3) 탈북이주민가정

탈북이주민가정은 북한 출신으로 탈북하여 남한에 정착한 사람들로서 탈북자 남성과 탈북자 여성, 탈북자와 한국출신의 배우자, 탈북자 독신으로 살거나 동료와 동거하는 가족을 말하며, 새터민[2]이라고도 한다. 1990년대 중반부터 북한의 식량난이 심각해

2) 새터민이라는 용어는 2005년 통일부에서 탈북자에 대한 부정적인 이미지를 개선하기 위해서 실시한 여론조사에서 높은 호응도를 받은 것으로서 '새로운 터전에서 삶의 희망을 갖고 사는 사람'을 의미한다. 그러나 탈북자 단체 연합체에서는 북한을 탈출한다는 것에 담겨 있는 정치적 의도를

지자 북한 탈주자의 수가 급증하였는데, 그들은 대부분 중국이나 러시아로 탈출했다가 일부는 한국으로 이주해오고 있다. 1999년에 탈북하여 한국으로 입국한 탈북이주민의 수는 148명이었지만, 이후 꾸준히 증가추세를 보이고 있다. 2005년에는 1,385명, 2006년에는 2,018명, 2007년에는 2,544명, 2008년에는 14,000명이었고, 2011년에는 20,689명에 이른 것으로 보고되고 있다(통일부, 2011).

탈북이주민이 한국으로 입국하게 되면 국정원, 경찰청 등 정부 관련기관에서 합동 신문을 받고 하나원이라는 정착지원시설에서 12주 동안 사회적응훈련을 받고 거주지로 전입하는 과정을 거치게 된다.

한때 탈북이주민에 대하여 목숨을 걸고 사선을 넘은 영웅이나 북한전문가로 대접받았었지만, 현재는 탈북이주민에 대하여 감시 대상자나 보호관찰이 요구되는 사람으로 인식되고 있으며, 학교에서 탈북이주민의 자녀들은 학습장애를 가진 문제 학생으로 받아들여지고 있다(정병호, 2005).

시간이 지날수록 탈북이주민 수는 점차 증가하는 추세가 나타나면서 그들의 사회문화적 적응 및 지역사회 내에서의 갈등이 사회적 쟁점으로 대두되고 있는 상황이다. 그들의 적응문제는 당대뿐 아니라 자녀 세대에서도 매우 중요한 문제가 될 수 있다.

탈북이주민 가정이 겪는 어려움과 문제는 크게 세 가지로 나누

담지 못하는 용어인데다가 탈북자들이 단순히 잘 먹고 잘 살기 위해서 탈출하고 터를 잡은 '화전민'이라는 연상을 주고 있다고 문제를 제기하고 있다(김혜온, 2012).

어 볼 수 있다. 첫째는 심리적인 고통과 함께 남한 사회에서 겪게 되는 문화적응의 어려움이다. 탈북이주민은 탈북과정에서 겪었던 충격과 극한의 공포로 인하여 심리적인 외상을 입게 되고, 가족이 북한에 남아있는 경우에는 걱정과 불안으로 심리적인 고통을 겪게 된다. 이러한 심리적 충격은 남한 사회에 정착한 이후에도 지속되어 일상적인 생활에까지 영향을 미치는 것으로 나타났다(조영아, 전우택, 2005).

또한, 탈북이주민은 남한 사회에서 정착하는 동안 언어, 생활양식, 문화 등의 극심한 차이를 느끼며 적응에 어려움을 겪게 된다. 어휘, 발성, 문법 등의 차이로 인해 의사소통이 어렵고, 사회주의 체제에 익숙해있던 삶의 모습에서 자기주도적 삶을 살아가야 하는 변화를 받아들이는데 어려움을 느끼는 것이다.

둘째는 불안정한 직장생활과 경제생활로 인한 어려움이다. 탈북이주민이 제대로 정착하기 위해서는 직업을 선택하고 경제생활을 유지할 수 있도록 해야 하는데, 이 과정에서 안정적인 직업을 찾기가 어렵다고 볼 수 있다. 그 이유는 탈북이주민이 남한 사회에서 요구하는 학력, 사회적 지식과 기능 등을 갖추지 못한데다가 남북한 사람 사이에 존재하는 심리적인 거리감 때문이다. 불안정한 직업을 선택하게 되면서 경제적으로 어려움에 처하게 되는 경우가 상당한 것으로 나타났다(조영아, 전우택, 2005).

셋째는 자녀교육의 어려움이다. 탈북이주민가정의 자녀는 탈북과정 중에 시간적 공백이 길어져서 남한 사회에 정착한 뒤 학교에 다니게 되면 자신보다 어린 학생들과 어울리게 된다. 이 과정 중에 학교 문화의 차이로 인해 어려움도 발생하며, 학업성취저하가 나타나면서 자아존중감에도 손상을 미치게 된다.

또한, 탈북이주민가정 자녀의 중도탈락률은 일반 학생의 중도탈락률보다 상당히 높은 편이다. 최근 교육통계 자료를 살펴보면, 탈북이주민가정의 자녀들의 취학률은 감소하고 중도 탈락률은 증가하고 있다(교육과학기술부, 2010b). 학교 중도 탈락의 주요 사유는 부적응, 검정고시, 가사, 경제 사정 등으로 대개 열악한 가정환경과 문화 차이에서 비롯된 문제인 것으로 나타났는데, 최근에는 교우관계의 어려움으로 중도탈락이 증가하고 있는 실정이다. 탈북이주민가정의 자녀는 자신이 북한에서 왔다는 점에 대하여 심리적으로 위축감을 느끼고 자신의 정체성을 숨기려 하기 때문에 친구 사귀기가 쉽지 않고 대인관계를 형성하지 못하는 어려움을 겪고 있는 것이다.

게다가 탈북이주민가정의 부모 역시 문화적응을 거치고 있는 과정이기 때문에 자녀가 학교생활을 잘 할 수 있도록 지원하고 지도하는 역할을 제대로 수행하지 못하기 때문에 자녀교육에 대한 어려움이 더욱 가중되는 것이다.

참고 자료

탈북이주민을 다문화가족으로 인식해야 하는 이유

탈북이주민에 대하여 단순히 동포라고 인식하는 관점에서 인식할 때 탈북이주민의 문화 부적응 문제를 이해하지 못하게 될 위험에 처하게 된다. 윤인진(2005)은 주류 문화에 속하지 못하는 소수자의 기준을 네 가지로 언급하고 있다. 첫째는 신체적·문화적 특징에 의해 타 집단과 구별되는 식별 가능한 차이이다. 둘째는 경제적, 사회적 지위, 정치적 권력 등 다양한 측면에서 실질적인 차이가 있거나 동원할 수 있는 제반 자원에서 차이가 나타난다는 것이다. 셋째는 소수자 한 개인이 단지 그 집단의 성원이라는 이유만으로 사회적 차별의 대상이 된다는 기준이다.

이러한 네 가지 기준에 따라 탈북이주민을 분석해보면, 첫 번째 기준인 식별가능한 차이에서는 외양적인 모습에서는 큰 차이가 없으나 어투, 어휘와 같은 언어적인 특징이 상당한 차이를 보이고 있다고 볼 수 있다. 탈북이주민들은 외래어를 거의 사용하지 않으며 표현양식이 달라서 조금만 대화를 나누어보면 금방 구별할 수 있다. 두 번째 기준인 다양한 권력적 지위의 차이에서는 탈북이주민은 남한 사회에서 혈연, 학연, 지연 등의 권력적 연결망이 전혀 없기 때문에 자원에 대한 접근이 어려운 실정이라고 볼 수 있다. 그래서 탈북이주민들 중 다단계 사업에 빠지거나 사기를 당하는 경우가 빈번하다(이순형 외, 2007). 세 번째 기준인 사회적 차별의 대상에서는 탈북이주민들은 사회적 편견과 차별로 인해 고통과 어려움을 겪고 있다고 볼 수 있다. 탈북이주민들은 자본주의 사회의 경쟁체제에 적응하지 못하고 단순노동직이나 서비스직에 종사하는 경우가 많으며, 문화와 사고방식의 차이로 인해 문화적응 스트레스에 시달리는 경우가 상당히 많은 것으로 나타났다. 또한, 남한 사람들 역시 탈북이주민에 대하여 동정이나 호기심, 의심, 불신 등의 복잡한 감정과 편견을 가지고 있는 것으로 보고되고 있다(윤인진, 2005).

3. 다문화가족의 적응 유형과 일반적 문제

문화적응은 문화적 배경이 다른 두 집단 혹은 개인의 지속적인 접촉으로 한 집단 또는 양 집단 모두가 가지고 있는 고유한 문화양식이 변화되는 양상을 말한다(김혜온, 2012). 특히, 이주를 통한 문화적응은 자신의 문화적 뿌리를 흔들거나 완전히 바꿔버리는 경험일 수 있는 것이다. 문화적응은 주로 이주민 집단에게 요구되는 경우가 상당하기 때문에 문화적응에 대한 연구 역시 이주민을 중심으로 진행되어 왔다.

문화적응의 과정에 있는 개인은 자신이 새롭게 속한 집단의 행동, 태도, 가치, 정체성에 따라 변화하는 것을 말하는데, 이 과정을 순조롭게 수행한 경우에는 나름대로의 적절한 문화 정체성을 갖게 되며 건강한 심리적 상태를 유지하며 사회참여도 활발하게 진행하게 된다. 반면에 순조롭게 문화적응과정을 수행하지 못한 경우에는 새로운 문화와 사회에 유입되지 못하면서 불안, 우울을 느끼고, 사회적 아노미 상태에서 신경성 질환과 정체성의 혼란을 겪을 수도 있다. 문화적응의 과정을 적절하게 수행했는가의 여부는 다음 세대의 적응과 동화에도 상당한 영향을 미치기 때문에 중요하다고 말할 수 있다.

우리나라 다문화가족들의 문화적응에 대한 연구를 살펴보면, 그 과정 중에서 문화적응의 유형이 나타나는데, 순종-보호형, 갈등-타협형, 갈등-단절형, 수용-일치형으로 구분할 수 있다.

1) 다문화가족의 문화적응 유형

우리나라 다문화가족의 문화적응 유형을 구분하는 기준은 문화적응을 동화와 같은 개념으로 이해하면서 이주민 집단이 새로운 주류 문화의 가치, 태도, 행동에 비추어 어떤 변화를 경험하느냐에 맞추어져 있다.

(1) 순종-보호형

외국인 배우자가 결혼을 통해 한국의 주류 사회로 흡입될 때 한국인 배우자에게 맞추는 유형으로서 부부권력에 있어서 약한 쪽이 강한 쪽으로 문화적 적응을 하면서 기울어지는 유형이라고 말할 수 있다. 외국에서 이주해 온 배우자는 한국인 배우자에게 순종하고, 한국인 배우자는 외국인 배우자를 가르치며 돌보는 역할을 주로 담당한다.

순종-보호형에 속하는 외국인 배우자는 적극적으로 한국어를 습득하고, 한국의 음식, 생활방식 등을 받아들여서 적응하고 동화하려는 태도를 보인다. 한국인 배우자는 이러한 외국인 배우자가 새로운 문화에 잘 적응하고 주류 사회에 동화될 수 있도록 편의를 돌보아주고 보호해주는 행동을 보인다.

(2) 갈등-타협형

갈등-타협형은 서로 다른 문화적 배경을 가진 남녀가 결혼해서 새로운 가정을 꾸려 나갈 때 서로 다른 문화적 배경으로 인해 갈등이 표출되지만 이러한 과정에서 자연스럽게 타협이 이루어져서 생활하는 유형이라고 볼 수 있다. 즉, 외국인 배우자와 한국인 배우자가 결혼하여 가정을 형성하면서 부딪치게 되는 다양한 갈등들을 대화와 이해로서 받아들이고 수용하려는 태도를 보인다고 할 수 있다.

외국인 배우자가 한국에 이주하여 생활하다보면 의사소통의 어려움과 음식, 생활방식의 차이, 원가족과의 관계 등으로 한국인 배우자와 갈등을 겪게 된다. 이러한 과정 중에서 다툼이나 심리적인 거리감도 발생하게 되고, 다른 문화적 배경에 대하여 갈등을 겪게 되지만, 외국인 배우자와 한국인 배우자가 서로의 문화적 습관이나 가치관을 토로하고 서로의 문화를 배우려고 노력하며 상황에 따라 일정 부분 양쪽의 문화를 모두 수용할 수 있는 자세를 가지면서 적응적으로 변화되어 가는 유형이라고 말할 수 있다.

(3) 갈등-단절형

서로 다른 문화적 배경을 가진 남녀가 결혼해서 새로운 가정을 꾸려 나갈 때 서로 다른 문화적 배경으로 인해 갈등이 표출되지만 이러한 과정에서 자연스런 타협이 이루어지기보다는 자신의 문화적 형태를 고집하여 서로의 교류를 단절하고 생활하는 유형을 말한다. 외국인 배우자와 한국인 배우자가 가정을 꾸려 나가면서 발생되는 생활방식, 태도, 음식 등의 차이에 대해서 서로 이해하려고 하기 보다는 한쪽에 일방적으로 동화되기를 강요하면서 갈등이 발생하고, 이 상태를 개선하려고 노력하기 보다는 서로에 대하여 배타적인 태도를 취함으로써 아예 단절되어 버리는 상태이다.

서로 다른 문화적 배경을 가진 부부가 만나게 되면 자연스럽게 갈등과 오해가 발생하게 되는데, 이에 대하여 이해하고 수용하려고 하기 보다는 상대방의 문화적 습관이나 가치관에 비해 자신의 문화적 습관이나 가치관이 더 우월하다는 인식을 고집하면서 자신의 문화에 상대방이 따라올 것을 강요하고 양쪽 부부 모두 이를 굽히지 않은 채로 생활하는 유형이다. 이러한 유형에서 대부분 한국인 배우자가 외국인 배우자에게 한국의 문화에 순종하고 동화되기를 강요하지만, 외국인 배우자는 이에 대하여 심리적인 스트레스를 느끼고 의사소통을 단절해 버리면서 부부생활을 유지하기 어려운 상태에 이르기도 한다. 실제로 이러한 갈등 상황을 해결하지 못하고 별거, 이혼으로 이어지는 다문화가족의 발생이 증가하고 있는 추세이다.

(4) 수용-일치형

문화적으로 서로 다른 부부가 자신들의 문화적 우월성을 주장하기보다는 각자의 문화에 대해 충분히 토로하고 서로의 다른 점이나 일치점을 이해하면서 서로의 문화를 수용하는 유형을 말한다. 외국인 배우자와 한국인 배우자가 서로의 문화적 차이에 대하여 충분하게 이해하고 수용하는 시간을 갖고 조화롭게 통합하고자 노력하는 모습을 보인다.

다문화가족으로서 자신들의 독특성을 만들어 가며 두 문화의 접촉이 주는 유익한 점을 발견해 내고 건강하게 결혼생활을 유지해 가는 이상적인 유형이라고 말할 수 있다.

한국사회에서의 다문화가족은 최근에 급격하게 형성된 형태의 가족으로서 부부가 서로의 문화적 차이를 이해하고 수용하는 수용

-일치형이나 갈등-타협형 보다는 순종-보호형의 다문화 가족을 강요하는 경향이 많은 것으로 나타났다. 이러한 이유는 부부 당사자들조차도 다문화가족에 대한 이해가 부족하거나 경제적 수준이 낮은 국가에서 온 결혼이민자에 대한 문화우월적 모습에서 기인하고 있기 때문인 것으로 분석되고 있는데, 이러한 태도는 부부간에 발생하는 다양한 문제를 해결할 수 있는 역량을 제한할 뿐 아니라 다문화가족만이 경험하는 다양한 문제를 더욱 심각하게 발생시키는 원인이라고 볼 수 있다.

2) 다문화가족이 경험하고 있는 일반적 문제

앞 절에서 살펴본 바와 같이 우리나라의 다문화가족의 유형은 국제결혼가정, 외국인 근로자가정, 탈북이주민 가정으로 구분해 볼 수 있다. 급속한 사회적 변화에 따라 우리나라의 다문화가족은 증가하고 있으나 다문화가족에 대한 인식 부족과 제도가 정착되지 않음으로써 다문화가족은 많은 어려움과 갈등을 겪고 있다. 우리나라 다문화가족의 유형에 상관없이 경험하고 있는 일반적인 문제에 대하여 살펴보도록 하겠다.

(1) 경제적 문제

우리나라의 다문화가족의 대부분은 저소득층에 속하여 생계에 어려움을 겪고 있는 실정이다. 국제결혼가정의 경우, 남편의 경제력 상실이나 경제력 부족으로 인해 가정경제 자체가 어렵기도 하지만 결혼이주여성인 부인의 경제적 권한이 전혀 없거나 친정에 대한 경제적 지원으로 인한 갈등문제를 안고 있는 경우도 있는 것으로 보고되고 있다(이순형, 2006). 결혼이주여성을 대상으로 생활수준을 조사해 보았을 때, 결혼이주여성의 52%가 최저생계비에 못 미치는 수준으로 생활하고 있는 것으로 나타났으며(보건복지부, 2005), 결혼이주여성들에게 자신의 경제적 생활수준을 묻는 주관적인 평가에서 자신을 '하층'으로 인식하고 있는 것으로 보고되고 있다(김태호, 2009).

외국인 근로자가정 역시 비슷한 처지에 있는데, 외국인 근로자들은 대부분 단순기능직에 속하는 사람으로서 우리나라에서 소득은 낮고 노동의 강도는 강한 업종에서 종사하기 때문에 소득이 낮은 편이라고 할 수 있다. 코리안 드림을 꿈꾸며 한국에 유입한 외국인 근로자들은 낮은 소득에 높은 물가를 겪으며 경제적으로 어려움을 겪는 경우가 대부분이다.

탈북이주민 역시 북한에서 자신들의 경력과 경험을 인정받지 못하기 때문에 단순노동직이나 서비스직에 종사하기 때문에 오히려 남한 사회에서 하향적 신분이동을 경험하는 경우가 많은 것으로 보고되고 있다(이금순 외, 2003). 취업을 한다 해도 저임금과 안정적이지 않은 직업으로 실직을 경험하게 되면 재취업은 더욱 어려워지게 되면서 탈북이주민 가정의 40%가 정부에서 주는 보조금에 의존하여 생활하는 것으로 나타났다(조영달 외, 2006a).

(2) 부부 및 확대가족과의 관계

부부 및 확대가족과의 관계에서 문제가 발생하는 경우는 대체로 국제결혼가정이다. 국제결혼가정의 결혼이주여성들 중 한국 국적을 취득하는 과정에 대하여 남편의 동의를 얻지 못하거나 기피하는 사례로 빈번하게 나타나고 있으며, 일상생활 속에서 불합리한 대우를 받고 있는 것으로 보고되고 있다(설동훈, 2005; 이순형, 2006). 특히, 다문화가족의 한국인 남편 중 일부는 결혼중개업체에 일정한 액수를 지불하고 아내를 맞이하여 아내를 인격적 존재가 아닌 소유물 정도로 취급하기도 한다(박철희, 2012). 결혼이주여성 중 일부의 경우도 자신들이 빈곤한 나라에서 왔다는 경제력에 따른 국가의 위계성을 내면화하여 스스로를 보잘 것 없이 생각하거나 자격지심을 느끼고 주변 사람들의 무시를 경험하면서 심리적인 위축감도 생기기도 한다(김혜온, 2012).

다문화가족의 한국인 남편들 역시 부부관계에서의 어려움과 문제를 호소하는데, 결혼이주여성의 성생활 및 임신의 기피, 잦은 외출, 가출, 게으르거나 가사노동을 기피하는 행동 등에 대하여 불만을 가지고 있으며 과도하게 결혼이주여성의 본국으로의 송금과 부모형제를 한국으로 초청하는 것을 요구함으로써 갈등을 겪고 있는 것으로 나타났다(여성가족부, 2010a).

확대가족 사이에서도 문제가 발생하기도 한다. 원가족과 분리되어 생활하는 문화에 익숙한 결혼이주여성들은 한국 시부모의 지나친 간섭으로 인해 고부갈등을 경험하고, 재혼가정일 경우에는 남편의 전처 자녀와 충돌하는 문제를 겪기도 하며, 자신의 여권이나 외국인등록증을 시부모나 남편이 가지고 있으며 감금과 지속적인 폭력을 행사하는 문제도 발생하는 것으로 나타나고 있다(한재희, 2014).

(3) 자녀양육 문제

국제결혼가정, 외국인근로자 가정, 탈북이주민 가정 모두 자녀양육으로 인해 심각한 어려움을 겪고 있는 것으로 나타났다. 국제결혼가정의 결혼이주여성이 한국어를 습득하지 못한 채 자녀를 출산, 양육하게 되면서 언어발달 시기에 가정에서의 한국어 교육을 제공하기 어렵게 되고, 이러한 상태가 장기화되면서 언어지체를 겪기도 하는데, 언어를 제대로 학습하지 못한 것은 학령기가 되면 인지발달 및 학업수행능력에도 영향을 미치게 되어 학습결손과 학습부진으로 이어지게 된다(이순형, 2006). 학령기 동안에는 학습 문제뿐만 아니라 다문화가족 자녀에 대한 편견과 사회적 차별로 인해 집단 괴롭힘과 집단 따돌림의 대상이 되어 학교생활을 유지하기 어려워지게 된다.

외국인근로자 가정 역시 자녀양육으로 어려움을 겪고 있는데, 외국인근로자 가정 자녀에 대한 교육적 지원 체제가 미흡한 상태에서 학교를 다니기조차 어려운 상황이 발생하고 있으며, 불법체류 근로자의 경우에는 자녀가 무국적자가 되기 때문에 학교교육을 받을 수 있는 기회조차 제공받지 못하게 되기도 한다.

탈북이주민 가정의 자녀도 학습, 대인관계 기술, 사회적 편견으로 인해 학교에 적응하기 어려워지면서 중도탈락의 경우도 발생하고, 청소년기의 정체감 혼란을 경험하면서 심리적 부적응 상태가 장기화되는 경우도 나타나고 있다.

다문화아동가족상담 연습

매년 급증하고 있는 다문화가족이 겪게 되는 문제 중 가장 심각한 문제는 무엇이라고 생각하십니까? 자신이 전혀 다른 문화권과 인종의 배우자와 결혼하여 배우자의 문화권에서 살며 자녀를 낳아 가족을 형성하였다고 가정했을 때 발생할 수 있는 상황과 문제에 대하여 적어보도록 합시다.

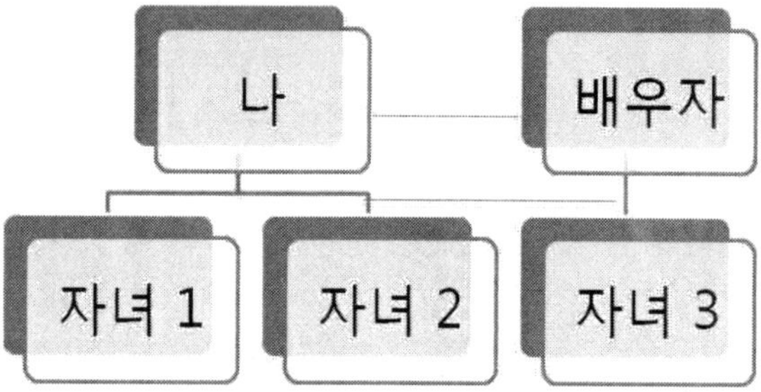

1. 발생가능한 상황과 문제점은 무엇일까요?

____

____

____

2. 자신의 다문화인식 수준은 어느 정도라고 생각하시나요? 다른 문화권의 사람과 가족을 형성하게 된다면, 어떻게 수용하고 행동하시겠습니까?

____

____

____

자신이 만약 전혀 다른 인종과 문화권의 배우자를 만나 낯선 땅에서 결혼생활을 하게 되었다고 가정해 봅시다. 언어, 생활습관, 음식 등의 기본적인 적응의 문제뿐만 아니라 자신이 태어난 문화와 가족에 대한 그리움, 외로움, 단절로 인한 고립감 등으로 정서적으로도 피폐해질 것입니다.

현재 우리나라의 다문화가족 중 결혼이주여성들이 겪고 있는 문제 중 가장 심각하고 해결하기 어려운 부분이 바로 이러한 심리적이고 정신적인 문제일 것입니다. 뿐만 아니라 자녀가 부모의 이중언어 사용으로 인해 언어습득이 늦어지고, 언어습득의 지체는 인지발달을 저해하고, 학령기에 접어들었을 때 학습결손으로 이어질 수도 있습니다.

다른 문화권의 사람이 가족이 될 가능성에 대해서도 진지하게 생각해 볼 필요가 있습니다. 다문화가족을 형성하여 생활하는 것은 그리 쉬운 문제가 아니기 때문입니다. 가령, 양육관의 차이, 가치관의 차이로 인해서 상당히 갈등이 발생할 수 있으며, 실제로 결혼이주여성이 시부모와의 갈등으로 이혼하게 되는 비율도 점차 증가하고 있기 때문입니다. 양육관, 가치관, 신앙 등에 대하여 존중하고 개입하지 않는 태도와 마음가짐이 중요합니다.

◐ 주요 핵심내용 정리 ◑

1. 다문화사회와 다문화가족의 이해

- 다문화상담은 성별, 주거지역, 나이, 교육적 배경까지도 포함하여 모든 상담관계는 각자의 문화가 다른 상담자와 내담자의 관계라고 보는 개념으로서 국가, 민족, 종족의 테두리에서 이해되는 개념으로서 인종, 민족, 성, 장애 유무, 연령 등에 의한 차이는 개별 가족이나 개인적 차이보다 크며 사회불평등적 요소를 가지고 있습니다.
- 다문화아동가족상담은 이러한 다문화상담을 다문화가족을 대상으로 하여 이루어지는 상담으로서 가족 간의 갈등, 호소문제뿐만 아니라 자녀의 양육, 자녀의 적응 등을 상담을 통해 해결하고자 하는 것입니다.

2. 한국 다문화가족의 현황

- 국제결혼가정은 한국인 남성과 외국인 여성 또는 한국인 여성과 외국인 남성의 결혼으로 이루어진 가정을 의미합니다. 우리나라의 국제결혼가정은 점차 증가하고 있는 추세이며, 국제결혼가정의 결혼이주여성들은 언어와 문화적응과정에서 겪는 스트레스, 가족관계 및 사회적 관계의 문제, 자녀양육 문제 등으로 인하여 적응에 어려움을 느끼고 있는 것으로 나타났습니다.
- 외국인근로자 가정은 외국인 남성과 외국인 여성으로 이루어진 가정을 말하거나 단독 또는 동료들과 생활하는 외국인

근로자를 말합니다. 우리나라에서 외국인근로자는 대체로 단순기능직에 종사하고 있으며, 노동인권의 문제, 불법체류의 문제, 자녀양육의 문제 등으로 인해 어려움을 겪고 있는 것으로 나타났습니다.

- 탈북이주민가정은 북한 출신으로 탈북하여 남한에 정착한 사람들로서 탈북자 남성과 탈북자 여성, 탈북자와 한국출신의 배우자, 탈북자 독신으로 살거나 동료와 동거하는 가족을 말하며, 새터민이라고도 합니다. 탈북이주민은 북한에서 생존이 어려워지면서 중국을 통해 탈북하고 그 중 일부가 남한에 정착하는 경우가 대부분이며, 남한 사회에서 서비스직이나 단순기능직에 종사하고 있는 것으로 나타나고 있습니다. 탈북이주민가정은 문화적응의 어려움, 취업 및 경제생활의 어려움, 자녀교육의 어려움을 겪고 있는 것으로 보고되고 있습니다.

3. 다문화가족의 적응유형과 일반적 문제

- 다문화가족의 문화적 적응 유형은 크게 네 가지로 구분됩니다. 첫째, 순종-보호형으로서 외국인 배우자가 결혼을 통해 한국의 주류 사회로 흡입될 때 한국인 배우자에게 맞추는 유형입니다. 둘째, 갈등-타협형으로서 서로 다른 문화적 배경을 가진 남녀가 결혼해서 새로운 가정을 꾸려 나갈 때 서로 다른 문화적 배경으로 인해 갈등이 표출되지만 이러한 과정에서 자연스럽게 타협이 이루어져서 생활하는 유형입니다. 셋째, 갈등-단절형으로서 서로 다른 문화적 배경을 가진 남

녀가 결혼해서 새로운 가정을 꾸려 나갈 때 서로 다른 문화적 배경으로 인해 갈등이 표출되지만 이러한 과정에서 자연스런 타협이 이루어지기보다는 자신의 문화적 형태를 고집하여 서로의 교류를 단절하고 생활하는 유형입니다. 넷째, 수용-일치형으로서 문화적으로 서로 다른 부부가 자신들의 문화적 우월성을 주장하기보다는 각자의 문화에 대해 충분히 토로하고 서로의 다른 점이나 일치점을 이해하면서 서로의 문화를 수용하는 유형입니다.

- 다문화가족이 경험하는 일반적인 문제는 크게 경제적 문제, 부부 및 확대가족의 문제, 자녀양육의 문제가 있습니다.

2

다문화가족 상담자의 이해

2장 다문화가족 상담자의 이해

생각해보기

우리나라 남성과 국제결혼을 하여 한국에 정착하여 사는 결혼이주여성은 매년 증가하고 있지만, 결혼이주여성을 대상으로 가정폭력, 학대, 가정 내 차별, 인권침해와 인권유린의 문제와 이혼율도 증가하고 있는 추세입니다. 이러한 사회 현상을 살펴보았을 때, 무엇보다도 결혼이주여성을 비롯하여 다문화가족을 위한 상담적 지원과 접근이 시급하다고 말할 수 있습니다.

이에 대한 대처 방안으로 정부 부처에서는 온라인상으로 '다문화가족 상담 사랑방'을 개설하였습니다. 결혼이주여성의 모국어를 지원하여 결혼이주여성의 고민과 문제를 해결하는데 도움을 주기 위한 온라인 상담에 대한 정보와 설명을 자세히 살펴보도록 하겠습니다.

농촌진흥청은 농촌 결혼이민여성들이 다국어로 상담할 수 있는 사이트인 '다문화가족 상담 사랑방'을 개설했다고 밝혔다 (http://www.naas.go.kr/rdamfcs).

상담사랑방 사이트는 번역 솔루션을 활용해 영어, 베트남어, 캄보디아어와 한국어를 양방향으로 번역하는 기능을 갖춰 한국어가 서투른 결혼이민여성이 상담을 받을 수 있도록 했다. 상담 희망자가 문의 글을 올려놓으면 농촌진흥청 담당자가 답하는 방식으로 운영된다.

그밖에 상담사랑방 사이트에서는 '농업농촌생활용어회화' 코너도 배치하여 한국어, 영어, 일본어, 중국어, 베트남어, 캄보디아어로 제공되며 용어마다 사진과 삽화를 넣어 쉽게 의미를 파악할 수 있도록 했다. 또 결혼이민여성의 자립 역량을 가늠해볼 수 있는 '자립역량진단표' 코너도 마련했다.

(연합뉴스 2013년 12월 5일자 내용에서 발췌

1. 다문화가족 상담자의 자질과 특징

1) 다문화가족 상담자의 자질

우리나라뿐만 아니라 전 세계적으로 다문화화 되어 가는 것은 시대적 흐름이라고 말할 수 있다. 과학기술의 발달로 국경과 국가에 상관없이 이주할 수 있게 되었으며, 그에 따라 삶의 가치관과 세계관도 변화하고 있다. 태어난 곳에서 나고 죽는 것이 아니라 필요에 따라 어디에서든지 정착해서 살아갈 수 있는 명실공히 지구촌의 시대가 된 것이다.

그에 따라 다양한 문화적 배경을 가진 사람들이 모여 살게 되었고, 다문화가족을 형성하게 된 것이다. 특히, 우리나라의 경우는 농촌을 중심으로 결혼이주여성이 다문화가족을 이루는 특수성을 보이고 있는데, 빠른 속도로 다문화가족의 비율이 증가하고 있으며 그에 따른 문제가 발생하고 있다. 다문화가족의 문화적응 스트레스, 자녀교육 문제, 가족 간의 갈등, 가정폭력 등등이 발생하면서 제도적인 해결 방안뿐만 아니라 상담적 접근에 대한 필요성도 절실해지고 있는 상황이다.

다문화가족의 심리적 문제에 접근하는 상담자의 자질에 대해서는 일찍부터 다문화가족 형성이 사회 현상으로 나타난 미국에서 1970년대 초부터 제기되어 왔다. 미국 다문화 상담 및 발달 학회(1996)에서는 다문화상담자가 갖추어야 할 역량을 문화적 가치와 편견에 대한 인식, 내담자의 세계관에 대한 상담자의 인식, 적절한 다문화 개입 전략으로 구분하고, 각각에 필요한 태도와 신념, 지식, 기술의 내용으로 정리하였다.

우리나라에서도 다문화가족의 자녀와 부모를 대상으로 상담하는 상담자의 자질에 대하여 다양한 논의가 있어 왔다(황매향, 고홍월, 2009). 상담자는 내담자를 수용하고 이해하는데 필요한 인간적인 자질뿐만 아니라 상담을 효과적으로 수행하기 위한 전문적인 자질을 갖추어야 하는데, 다문화상담자도 예외는 아니다.

다문화가족상담자가 갖추어야 할 자질에 대하여 인간적 자질과 전문적 자질로 구분하여 정리한 내용(이영주, 2001)을 제시하면 <표 2-1>과 같다.

<표 2-1> 다문화가족상담자의 자질

인간적 자질	전문적 자질
– 인간에 대한 깊은 관심 – 원숙한 적응 상태 – 자신 및 타인의 감정인식, 수용 능력 – 대화에 대한 편안함 – 의미 있는 인간관계 형성 및 유지능력 – 자기성찰적 태도	– 상담 진행과정에 요청되는 전문적 자질 – 내담자와의 관계에서 요청되는 전문적 자질 – 상담자 자신에 대한 태도에서 요청되는 전문적 자질

참고 자료

미국 다문화 상담 및 발달 학회의 다문화상담 역량

미국에서는 1970년대 초반부터 다문화 상담자의 역량과 자질에 대한 논의가 지속적으로 제기되어 왔다. 이에 미국 다문화 상담 및 발달 학회(Association for Multicultural Counseling and Development: AMCD)에서는 다문화 상담자의 훈련을 실시하기 위하여 다문화 상담자에게 필요한 역량을 밝히고 이에 대한 기준을 발표하였다. 다문화 상담자가 갖추어야 할 역량은 크게 문화적 가치와 편견에 대한 인식, 내담자의 세계관에 대한 상담자의 인식, 적절한 다문화 개입 전략으로 구분하고, 각 기준별로 태도, 신념, 지식, 기술이 포함된다고 주장하였다. 그 내용을 보다 자세하게 살펴보면, 다음과 같다.

1. 문화적 가치와 편견에 대한 인식

1) 태도와 신념

- 숙련된 다문화 상담자는 낮은 문화적 인식 상태에서 벗어나 자신의 문화적 전통에 대한 인식과 민감성을 가지고, 차이를 가치있게 여기고 존중한다.
- 숙련된 다문화 상담자는 자신의 문화적 배경, 경험, 태도, 가치, 편견이 어떻게 심리적 과정에 영향을 미치는지 인식한다.
- 숙련된 다문화 상담자는 자신의 역량과 전문성의 한계를 인식한다.
- 숙련된 다문화 상담자는 상담자와 내담자 사이에 존재하는 인종, 민족, 문화, 신념의 차이에 편안함을 느낀다.

2) 지식

- 숙련된 다문화 상담자는 자신의 인종적, 문화적 전통에 대한 세부적인 정보를 바탕으로 정상과 비정상을 정의 내리고 상담의 과정과 기법이 어떻게 달라야 하는지 잘 안다.

- 숙련된 다문화 상담자는 인종차별주의, 편견, 선입견 등이 상담자 스스로와 상담 과정에 어떤 영향을 미치는지에 대하여 잘 알고 있으며, 이를 바탕으로 상담자의 인종차별적 태도, 신념, 감정에 대하여 정확하게 인식하고 수용한다.

3) 기술
- 숙련된 다문화 상담자는 다문화 상담에 대한 이해와 효율을 증진할 교육적, 자문적, 훈련 경험을 탐색한다. 자신의 능력의 한계를 잘 파악하여 적절한 자문을 구하고, 필요한 훈련과 교육을 찾아보며, 보다 확실한 개인과 자원을 참조하고, 이것을 종합적으로 활용한다.
- 숙련된 다문화 상담자는 끊임없이 자신이 인종적, 문화적 존재라는 것을 이해하려고 노력하며, 능동적으로 인종차별주의적인 정체성을 갖지 않으려고 노력한다.

2. 내담자의 세계관에 대한 상담자의 인식
1) 태도와 신념
- 숙련된 다문화 상담자는 내담자에게 영향을 줄 가능성이 있는 인종과 민족에 대한 상담자의 부정적인 감정과 반응을 인식한다.
- 숙련된 다문화 상담자는 다른 인종이나 소수 인종에 대해 가질 수 있는 자신의 편견과 선입견을 인식한다.

2) 지식
- 숙련된 다문화 상담자는 상담하고 있는 특정 집단에 대한 구체적인 지식과 정보를 가지고 있으며, 문화적 배경이 다른 내담자의 삶의 경험과 문화, 역사적 배경을 잘 파악한다.
- 숙련된 다문화 상담자는 인종, 문화, 민족 등이 성격, 진로, 심리적 장애, 도움 행동, 상담 방법 등에 미치는 영향을 잘 안다.

- 숙련된 다문화 상담자는 인종적, 민족적 소수자의 삶에 작용하는 사회정치적 영향을 잘 이해한다. 사회정치적 영향으로 인해 발생한 이주 문제, 궁핍, 인종주의, 편견, 무력감 등의 심리적 상처가 상담 과정에 영향을 미칠 수 있다.

3) 기술
- 숙련된 다문화 상담자는 다양한 민족과 인종의 정신건강, 정신장애에 대한 최근 동향과 연구를 잘 알고 있어야 하며, 상담자의 지식, 이해, 다문화 기술을 촉진할 수 있는 교육 경험을 모색해야 한다.
- 숙련된 다문화 상담자는 상담 장면 밖에서 소수 집단의 사람들과 적극적인 인간관계를 형성하도록 한다. 그리하여 소수 집단에 대하여 학문 활동과 조력 활동 이상의 이해를 갖게 된다.

3. 적절한 다문화 개입 전략

1) 태도와 신념
- 숙련된 다문화 상담자는 내담자의 종료적, 정신적 신념과 가치를 존중한다.
- 숙련된 다문화 상담자는 소수집단 고유의 조력활동과 조력체계를 존중한다.
- 숙련된 다문화 상담자는 이중언어를 가치 있게 여기며, 다른 언어를 상담의 방해물로 보지 않는다.

2) 지식
- 숙련된 다문화 상담자는 상담과 심리치료이 가지고 있는 특성인 문화적 경계, 계급적 경계, 단일 언어 사용 등이 소수 집단의 문화적 가치와 충돌하는지에 대한 명확한 지식과 이해를 가지고 있다.

- 숙련된 다문화 상담자는 소수 집단이 정신건강 서비스를 사용하지 못하도록 막는 제도적 장애물에 대한 인식을 가지고 있다.
- 숙련된 다문화 상담자는 측정도구의 잠재적 편견에 대한 지식을 가지며, 내담자의 문화, 언어 특성을 고려하여 절차와 해석을 적용한다.
- 숙련된 다문화 상담자는 상담 서비스를 받는 사람들의 심리적 복지에 부정적인 영향을 미치는 사회와 지역에서의 차별적 관행을 알아야 한다.

3) 기술

- 숙련된 다문화 상담자는 다양한 언어적, 비언어적 반응을 할 수 있다. 다문화 상담자는 정확하고 적절하게 내담자와 언어적, 비언어적 메시지를 주고 받을 수 있다.
- 숙련된 다문화 상담자는 내담자를 대신하여 제도와 관련된 개입 기법을 수행할 수 있다. 내담자가 가지고 있는 문제가 인종주의, 차별, 편견 등으로 인해 발생했는지 결정하도록 도움을 줌으로써 문제를 개인적으로 해결하지 않도록 한다.
- 숙련된 다문화 상담자는 다른 문화를 가진 내담자를 치료하는데 적절한 기술이라고 여겨지는 전통적인 치료자, 종교적 리더, 현장의 실천가들에게 자문을 구하는 것을 꺼려하지 않는다.
- 숙련된 다문화 상담자는 내담자와의 언어적 상호작용을 담당하며, 이것이 불가능하다면 적절한 곳으로 의뢰하도록 한다.
- 숙련된 다문화 상담자는 전통적인 진단과 검사 도구를 사용하는데 있어서 전문성을 갖춘 사람이어야 하며, 도구가 가지고 있는 문화적 한계에 대해서도 잘 파악하여야 한다.
- 숙련된 다문화 상담자는 상담의 목표, 내담자의 법적 권리 등 상담과정에서 필요한 심리적 개입에 대하여 내담자에게 교육하는 것을 적극적으로 수행한다.

2) 다문화가족 상담자의 특징

다문화가족의 형성과 증가는 이제 전 세계적으로 나타나고 있는 사회 현상이라고 볼 수 있다. 우리나라도 예외는 아니며, 매 년 다문화가족의 비율은 빠른 속도로 늘어나고 있지만, 이러한 사회 현상에 대한 제도적 장치와 법령 마련은 아직도 미흡한 상태이다. 예를 들어, 다문화가족 내에서 일어나는 가정 폭력, 학대 및 다문화가족에 대한 인종 차별 등에 대한 적절한 대처가 이루어지지 않고 있는 것이 사실이다.

다문화가족의 심리적 문제에 대한 상담 서비스 역시 마찬가지이다. 언어적, 문화적 배경이 다른 남녀가 결혼하여 가족을 형성하고 살아가면서 발생하는 많은 어려움을 해결할 수 있는 상담적 접근이 제대로 실시되지 못하고 있으며(곽윤정, 2012), 문화적으로 다른 다문화가족의 내담자들이 상담 서비스를 적극적으로 활용하지 못하거나 초기에 상담을 그만두는 경향이 있다(한재희, 2011).

그러므로 다문화가족 대상의 상담자는 상담의 효과를 높이기 위해서는 상담자가 자신과 다른 성장 배경과 가치관, 생활양식을 가진 내담자의 특성을 파악하고, 문화와 사고방식의 차이를 이해하며, 내담자에 적합한 상담의 이론과 적용기법에 있어서 문화적 유연성을 반영해야 한다고 말할 수 있다.

이에 한재희(2011)는 우리나라 다문화가족의 특성에 대한 다양한 연구를 통하여 상담자가 내담자와 효율적인 상담관계를 맺고 다문화가족 상담의 효과를 높이는데 필요한 협력 지침을 제시하였다. 그 내용을 소개하면 다음과 같다.

첫째, 다문화가족 상담자는 내담자의 문화내적인 요인을 고려해야 한다는 점이다. 즉, 상담자와 내담자가 아시아권에 속하는 문화를 가졌다고 하더라도 표면적으로만 같을 뿐 문화내적인 면에서 상당히 상이할 수 있다는 점을 간과해서는 안된다는 것이다.

둘째, 다문화가족 상담자는 무엇보다 자신의 가치관과 인간행동의 기본 가정을 이해하고 내담자가 자신의 세계관과 어떻게 다른지에 대한 문화적 인식이 필요하다는 점이다. 이러한 이해와 인식을 갖추기 위해서 다문화가족 상담자는 자신과 다른 문화를 탐색하고 수용하려는 학습자적인 태도를 가져야 한다. 또한, 상담자는 자신의 문화적 배경으로 내담자를 해석하는 왜곡된 관점에서 벗어나기 위해서는 내담자의 문화를 이해하려는 열린 태도를 취하는 것이 중요하다.

셋째, 다문화가족 상담자는 내담자에 대한 적절한 평가를 실시하는 것이 필요하다. 내담자의 호소 문제와 심리적 상태를 파악하고 그에 대해서 문화적으로 적절한 상담 서비스를 제공하기 위한 필요한 과정이라고 볼 수 있다. 또한, 내담자 평가를 수행하는데 사용하는 심리 검사와 진단 도구가 문화적 편향성이 있다는 점에 대해서도 유의해야 한다. 결혼이주여성과 다문화가족 자녀들에게 한국인에게 통용되는 문화적 배경에 따라 구성된 심리 검사를 실시할 경우 제대로 내담자 평가를 수행하기 어렵다는 점을 간과해서는 안된다.

넷째, 다문화가족 상담자는 내담자와 비윤리적 의존관계에 빠지지 않도록 조심해야 한다. 상담자와 다른 문화적 배경을 가진 내담자는 상담자를 권위있는 인물로 여겨서 지나치게 의존할 가능성이 높다. 그러므로 다문화가족 상담자는 스스로 내담자에게 교육자적 권위를 행사하지 않는지에 대해서 경계심을 가져야 한다. 때로는 다문화가족 상담자가 내담자의 어려움이나 문화적 적응을 돕기 위해 교육적 회기를 활용할 수 있는 융통성과 창의성을 발휘할 수는 있지만, 이러한 과정 속에서도 내담자에게 지시적이거나 권위적으로 행동해서는 안된다.

다섯째, 다문화가족 상담자는 사회적 연결망에 대한 접근을 취해야 한다. 다문화가족의 내담자는 단순히 심리적 문제만을 겪는 것이 아니고, 사회복지적 차원, 법률적 지원이 필요한 경우가 상당히 자주 발생한다. 그러므로 내담자가 겪고 있는 삶의 위기를 해결하기 위해서 필요한 다양한 실제적 자원을 연계하고, 사회복지에서 활용하는 사례관리 전략을 확충할 필요가 있다.

2. 다문화가족 상담자의 훈련 과정

다문화가족 상담자와 다른 문화적 배경을 가진 내담자와 촉진적 상담관계를 형성하고 상담의 효과를 높이기 위해서 상담자가 갖추어야 할 구체적인 기술이 필요하다. 다문화가족의 특성과 다문화가족 상담에 대한 연구를 바탕으로 제시된 다문화가족 상담자가 개발해야 할 기술(Welfel & Patterson, 2009)을 소개하면 다음과 같다.

1) 다문화가족 상담자가 개발해야 할 기술

다문화가족 상담자가 문화, 역사, 생활양식 등에서 차이가 나는 내담자의 심리적 문제에 접근하여 내담자로 하여금 새로운 행동과 태도를 형성할 수 있도록 돕기 위해서는 개발해야 할 기술이 있다.

첫째, 다문화가족 상담자와 내담자의 언어적 장벽을 해결할 수 있는 방안을 마련해야 한다. 결혼이주여성이 정착하는 과정 중에 한국어를 익히지 못했거나 능숙하게 사용할 수 없는 상태에서 상담 회기를 시작할 수도 있고, 모국어 학습이 제대로 이루어지지 않아 언어적 표현이 미숙한 다문화가족 자녀와의 상담을 실시할 수도 있다. 이런 경우, 상담자와 내담자의 상호 작용이 이루어지기 힘들며, 상담의 효과를 기대하기도 어렵다. 그러므로 다문화가족 상담자와 내담자의 언어적 장벽이 있을 때 언어에 대한 의존을 줄이는 방법을 모색해야 한다. 상담기법에서 있어서 행동기법이나 예술표현방법을 적용할 수도 있고, 내담자의 언어를 구사하는 통역자를 상담 장면에 참여하도록 하는 방법도 가능하다. 통역자 참여가 발생하는 경우, 내담자에 대한 비밀 보장 등에 대한 사전 교육과 준비를 실시해야 한다.

둘째, 다문화가족 상담자는 상담 방법에 있어 융통성을 개발해야 한다. 때로는 문화적으로 다른 내담자는 정서적으로 초점을 두어 상담 회기를 진행하는 것보다 구조적이고 지시적인 상담 기법 접근이 상담의 효과를 높이는 경우도 있다. 특히, 성장 배경, 문화, 언어, 가치관 등이 상이한 내담자를 대상으로 정서적 접근에 입각하여 상담을 수행할 경우 부정적인 결과를 초래할 수도 있다. 그러므로 다문화가족 상담자는 내담자에게 적합한 상담 방법을 유연하게 선택하고 적용할 수 있는 기술을 갖추는데 노력해야 한다.

셋째, 다문화가족 상담자는 내담자에게 영향을 미치는 단체나 조직에 대한 개입전략을 익힐 필요가 있다. 결혼이주여성뿐만 아니라 다문화가족의 자녀들까지 인간적인 차별을 겪을 수 있으며, 편견과 선입견으로 인해 물리적, 심리적 차원의 피해를 경험할 수도 있다. 그러므로 다문화가족 상담자는 내담자로 하여금 자신의 삶에서 발생하고 경험하는 불평등에 대하여 이의를 제기하고 적극적으로 반응하여 자신을 보호하고 존중받을 수 있도록 필요한 개인적 능력에 대한 감각과 기술을 개발하는데 도움을 주어야 한다.

넷째, 다문화가족 상담자는 다른 문화적 배경을 가진 전문가와 관계망 형성이 절대적으로 필요하다. 다문화가족 상담자가 타문화에 대한 학습에 최선을 다한다고 하더라도 모든 문화에 대한 지식을 갖추고 있기는 불가능하므로 내담자에 대한 이해와 효과적인 상담을 위해서 조언을 해 줄 수 있는 다른 문화적 배경을 가진 전문가들과 관계망을 형성하고 유지해야 한다.

다섯째, 다문화가족 상담자는 심리적 접근뿐만 아니라 공공 자원에 대한 정보와 연계 활용 능력이 필요하다. 많은 다문화가족 구성원들은 한국의 사회복지와 혜택, 법률적 보호 장치를 정확하게 파악하지 못하고 있기 때문에 불이익과 불평등을 겪고 있다는 사실을 상담 과정을 통해서 회기 중에 드러나게 된다. 그러므로 다문화가족 상담자는 정부, 공공기관 등에서 제공하는 공식적인 자원들에 대한 정보에 밝아야 하며, 이를 적절히 연계하고 활용하는 데 익숙해야 한다.

2) 다문화가족 상담자의 훈련과정

다문화가족 상담자가 내담자의 심리적인 문제를 이해하고, 상담의 효과를 높이기 위해서는 무엇보다 내담자가 가지고 있는 문화에 대한 민감성을 함양하는 것이 필요하다. 즉, 내담자의 문화와 상담자 자신의 문화의 차이에 대하여 인식하고, 내담자 문화에 대하여 편견없이 이해하여 내담자에게 적합한 상담 기술을 문화적 특성을 반영하여 융통성있게 적용할 줄 아는 역량을 키우는 과정이 바로 다문화가족 상담자의 훈련과정이라고 할 수 있다. 특히, 한재희(2011)는 한국 다문화가족 상담자의 훈련과정에 대하여 단계별로 구분하여 설명하고 있다. 단계별 훈련 내용을 소개하면 다음과 같다.

1단계는 문화에 대한 인식 훈련 단계이다. 즉, 다문화가족 상담자는 자신과 다른 문화적 배경을 가진 내담자들의 관점에서 상황을 정확하게 파악하고 들여다 볼 수 있는 능력을 배양하는 단계이다.

다양한 문화의 내담자들의 입장에 대한 이해를 높이기 위해서는 타문화에서 온 타문화에서 온 내담자들이나 사회 내 하위 그룹의 문화를 직접적으로 경험해 보는 경험적 학습과정이 가장 효과적이다. 문화적 경험을 통해 다문화가족 상담자는 자신의 문화와 타 문화권 내담자의 문화적 차이를 비교, 분석하는 문화적 자각을 갖게 되는 동시에 내담자의 문화가 가지고 있는 가치와 세계관적 특성을 인식할 수 있게 되는 것이다.

2단계는 지식훈련 단계이다. 1단계의 문화 인식 단계에서는 경험적 학습과정을 통해 다양한 문화에 대한 민감성을 배양했다면, 2단계에서는 객관적이고 정확한 정보를 통해 문화적 이해를 높이는 단계라고 할 수 있다. 다문화가족 상담자는 자신의 문화와 타 문화에 대한 다양한 자료를 통해 올바른 지식을 습득하여야 한다. 또한, 다문화적 지식을 습득할 수 있는 동료들과의 그룹 토의, 문화 관련 강의, 문화적 지식을 얻을 수 있는 출판물, 정기간행물 등을 통하여 심층적으로 문화를 이해할 수도 있다.

3단계는 기술훈련의 단계이다. 다문화가족 상담자는 내담자의 다양한 문화를 자각하고 올바른 문화적 지식을 습득하는 과정을 거치고 나면 상담 상황에 적절한 다문화 상담기술을 적용하는 능력을 키워야 한다. 이를 위해서 다문화가족 상담자는 내담자와의 올바른 상호작용을 할 수 있는 기법을 익히고, 정서적 교류와 인지-행동 양식의 차이에 따라 활용할 수 있는 개입 기법 습득해야 한다.

4단계는 사례관리훈련의 단계이다. 즉, 다문화가족 상담자는 내담자가 속한 문화 그룹이나 공동체로서 얻을 수 있는 비공식적 자원과 정부나 공공기관의 자원들을 포괄적으로 적용, 활용하여 내담자의 삶 전반에 효과적으로 개입할 수 있는 체계적인 사례관리적 기법을 습득하는 과정이다. 문화와 성장 배경이 다른 내담자가 가지고 있는 어려움은 단순히 심리적, 정신적 문제가 아닌 문화에 대한 심리적 적응에 대한 압박과 불안감이 복잡하게 뒤얽혀 있다. 이와 동시에 실제 삶의 현장에서 해결해야 할 사회경제적 어려움도 발생할 수 있으므로 다문화가족 상담자는 내담자의 적응적인 삶에 도움을 줄 수 있는 사회그물망 접근에 익숙해지는 과정이 필요하다. 다문화가족 상담자는 내담자의 심리적인 안정과 삶의 기능을 회복하는데 도움이 될 수 있는 의사, 변호사, 다양한 종교지도자, 사회복지사들과의 연계를 형성, 유지할 수 있는 능력과 기술을 습득해야 한다.

참고 자료

영화를 통한 다문화가족 이해하기

주변에 다문화가족이 있다면, 다문화가족이 겪는 다양한 문제와 어려움을 잘 이해할 수 있겠지만, 아직도 다문화가족에 대한 정확한 이해와 인식이 절실히 요청되고 있습니다.

이러한 다문화가족의 이해와 인식을 위해서 많은 관심을 받고 있는 다문화가족 관련 영화들을 감상해 보면서 간접적으로나마 한국의 다문화가족이 겪게 되는 적응, 교육, 복지 등에 대하여 진지하게 생각해보도록 합시다.

- 마이 리틀 히어로(2013, 한국 영화)
- 안녕?! 오케스트라(2013, 한국 영화)
- 완득이(2011, 한국 영화)
- 의형제(2010, 한국 영화)
- 방가방가(2010, 한국 영화)
- 세리와 하르(2009, 한국 영화)
- The Class(2008, 프랑스 영화)
- 비밀과 거짓말(1996, 프랑스 영화)

3. 한국 관련 주요 다문화가족 국가의 문화적 특징

우리나라의 경우, 결혼이주여성이 가족구성원이 됨으로써 형성된 다문화가족이 절대적인 비율을 차지한다. 결혼이주여성의 출신 국가는 베트남, 중국, 필리핀, 일본 등을 꼽을 수 있으며, 거의 대부분의 결혼이주여성들은 자신의 문화와 언어, 의식을 고스란히 유지하다가 결혼과 동시에 한국으로 이주하면서 다른 문화에 접하게 되는데, 이러한 과정에서 문화적응 스트레스가 발생하게 되고 심리적인 어려움도 느끼게 된다.

다문화가족 상담자는 다문화가족의 결혼이주여성의 문제를 해결하는데 도움을 주기 위해서 결혼이주여성의 문화적 배경에 대한 이해와 지식이 필요하다. 이에 결혼이주여성의 주요 출신 국가에 해당하는 베트남, 중국, 필리핀, 일본의 배경, 문화적 특징 등에 대하여 살펴보도록 하겠다.

1) 베트남

(1) 지형 및 역사적 배경

동남아시아의 사회주의공화국인 베트남의 정식 국명은 베트남 사회주의공화국(Socialist Republic of Vietnam)이다. 베트남은 지리적으로 북쪽은 중국, 서쪽은 라오스와 캄보디아, 동쪽은 해안을 접하고 있으며, 국토의 면적은 한반도의 약 1.5배에 달한다. 베트남 인구는 베트남족, 타이족 등 총 54 종족이 있으며, 그 중 베트남족이 90%정도 차지하고 있고, 인구 대부분인 70%가 농촌지역에 거주한다. 베트남 공용어는 베트남어이지만, 중국의 지배와 문화교류 과정을 통해서 많은 한자가 유입되어 베트남어 어휘의 1/3이상이 한자에 근원을 두고 있다(보건복지가족부, 2008).

베트남은 오랜 세월 동안 강대국들과 수많은 전쟁을 겪기도 하고, 지배를 받기도 하였다. 베트남은 약 1,000년 동안 고대 및 중세 중국 제왕조의 지배를 받았기 때문에 베트남 문화에서 중국 문화의 영향을 어렵지 않게 찾아볼 수 있다. 그 이후에 100 여 년 동안 프랑스의 속국으로 지배를 받았으며, 20세기에는 공산당의 월북과 민주 진영의 월남이 이념 전쟁의 소용돌이에 휘말리게 되고 강대국이 개입하면서 엄청난 인명 피해와 손실이 발생하였다.

이러한 역사적 배경 속에서도 식민 지배에서 벗어나 독립국가로서 바로 서고자 투쟁하는 오랜 세월을 거쳐 가족과 민족을 보호했다는 자부심을 지니고 있다. 이후에 베트남은 사회주의 국가이지만, 개방정책을 수립하여 급속한 경제 성장을 이루고 있다.

(2) 문화적 배경

대부분의 베트남인들은 기후 및 토양의 영향으로 공공 소유지에서의 벼농사를 주로 생계의 수단으로 삼았으며, 농업 중심 사회의 문명에서 나타나는 음양에 의한 균형적 사고방식, 마을 공동체 사회의 특징을 그대로 유지하고 있다. 특히, 베트남 문화에서 공동체성은 다른 문화에서 찾아보기 어려운 두드러진 특징으로서 과거부터 베트남 전통사회에서는 공동체의 이익을 개인의 이익보다 중요하게 여기는 민족적 신념을 가지고 있었다.

또한, 베트남인들은 물질보다 윤리와 도덕성을 미덕으로 생각하며, 오랜 시간을 타국의 지배와 전쟁에 고통 받는 역사를 경험하면서 동족에 대한 인애와 의리를 지키는 것을 중시하여 왔으며, 유교와 불교의 영향으로 공동체와 국가에 대한 충성과 부모에 대한 효성을 도덕적 기준으로 삼아왔다. 특이할 점은 여성에 대한 사회적 태도이다. 유교적 가치관이 형성되었음에도 불구하고, 전통적인 남존여비의 사상은 배제되어 있다. 오히려 여성을 삶의 근원인 토지라고 여겨 존중하고 보호하는 태도와 인식이 자리 잡고 있으며, 유치원 등의 유아교육 제도의 정착이 잘 이루어져 여성의 사회 활동도 매우 자유롭고 활발한 편이라고 볼 수 있다.

(3) 베트남 결혼이주여성의 특징

결혼이주여성의 출신 국가 중 두 번째로 많은 국가가 바로 베트남이다. 1990년대 '농촌 총각 장가보내기'를 위해 결혼중개업체는 베트남을 중심으로 빠르게 확산되어 갔으며, 현재 우리나라 국제결혼의 25% 정도에 해당하는 다문화가정의 여성 배우자가 베트남 출신이다. 상당히 많은 수의 베트남 여성이 이주하여 다문화가족을 이루고 있지만, 한국 문화와 결혼 생활에 적응하는 과정에서 많은 어려움을 겪는 것으로 나타나고 있다(한재희, 2011). 베트남 결혼이주여성이 한국에서 경험하는 갈등 요소를 설명하면 다음과 같다.

첫째, 다문화가족 내에서 가치관의 차이로 인해서 갈등을 겪는 것으로 나타났다. 특히, 결혼이주여성과 배우자와의 갈등, 결혼이주여성과 확대가족과의 충돌이 심각한 수준인 것으로 밝혀졌다. 베트남의 경우, 여성이 사회적인 차별을 받지 않으며 남편이 양육과 가사 분담에 적극적으로 참여하고 결혼과 동시에 원가족으로부터 분리되어 가족을 구성하면서 확대가족에 대한 부양의 의무를 갖지 않는다. 이러한 생활 양식을 학습하여 내면화한 결혼이주여성은 가사와 양육을 전담해야 하며, 남편의 원가족과 확대가족을 형성하고 살게 되면서 많은 갈등을 겪게 되는 것이다. 시댁의 간섭과 원가족에 대한 부양의 의무 등에 대한 부담감이 커지면서 부부간의 가치 충돌도 발생하게 된다.

둘째, 베트남의 결혼이주여성은 한국 문화와 결혼 생활에서 적응이 문제가 되는 것으로 나타났다. 특히, 결혼 초기에 베트남과 상이한 한국의 의식주 생활문화로 인해 적응 스트레스를 겪게 되고, 생활양식의 부딪히게 되면서 갈등이 발생하게 된다. 예컨대, 음식의 맛이 강한 베트남 음식과 완전히 다른 한국의 식생활에서 고충을 겪게 되고, 새벽부터 일과가 시작되는 한국의 생활 패턴에서 어려움을 느끼는 것이다. 더 나아가 한국의 남아선호사상과 가부장적 가치관을 가진 확대가족과 배우자로부터 불평등을 경험하면서 문화적 갈등은 더욱 깊어지게 된다.

셋째, 한국과 베트남의 정서 반응의 차이로 인해 가족 내의 갈등이 심각해질 수 있다. 예를 들면, 한국에서는 실수를 하게 되면 죄책감을 느끼는 행동을 보여주는 것이 일반적이지만, 베트남의 경우 웃음으로 반응하면서 오해를 불러일으키는 것이다.

2) 필리핀

(1) 지형 및 역사적 배경

필리핀은 지형적으로 11개의 큰 섬과 7,107개의 작은 섬으로 이루어져 있으며, 100개 이상의 민족이 모여 사는 다민족 사회이지만, 이 중 말레이계가 96%로 대부분을 차지한다.

필리핀은 333년 동안 스페인의 식민 지배를 받았고, 1902년부터 제2차 세계대전이후 독립되기 전까지 약 44년 동안 미국의 지배에 있었다. 이로 인해 필리핀은 아시아 국가 중 서구의 영향을 가장 많이 받았다고 볼 수 있으며, 영어가 필리핀의 국어라는 점이 바로 이를 극명하게 보여주는 예라고 할 수 있다.

스페인의 영향으로 필리핀인의 83%가 가톨릭 신자이며, 도시에 거주할 경우 생활양식이나 태도 등은 친서구적인 모습을 엿볼 수 있다. 반면에 지역이나 섬으로 갈수록 필리핀 토착 문화와 스페인, 미국의 서구 문화가 혼재된 특성을 보이기도 한다.

(2) 문화적 배경

표면적인 가족 구성 형태는 핵가족의 구조이지만, 실질적인 사회 유대 관계는 가족 및 혈연 중심의 관계로 조직되어 있다. 예컨대, 결혼이라는 형식은 개인 대 개인의 예식이 아니라 가족 대 가족의 만남이며, 가족의 확대라고 여기며, 대부, 대모 등의 종교적 관계 형성을 통하여 공동체적 관계를 강화한다.

이와 같은 가족 중심의 문화로 인해 필리핀인들은 인간관계 형성과 확대, 원만한 인간관계 유지를 거의 모든 행동의 기준으로서 우선적으로 적용하며, 가장 우위의 가치관으로 생각한다(보건복지가족부, 2008).

또한, 가족 내의 권위와 우선순위, 의사결정은 성별이 아니라 연령에 의해 좌우되는 문화적 영향으로 인해 아시아의 다른 국가에 비해 여성의 권위와 역할이 확보되며, 부부관계에서도 남편과 아내가 동등한 권리를 행사할 수 있다.

가족의 결정사항은 대부분 가족 구성원들의 동의하에 이루어질 수 있으며, 남편의 역할은 가족을 경제적으로 부양하는 것이 가장 중요하여 이를 잘하면 성공적인 남편과 아버지로 여겨지고 다른 역할은 부수적으로 생각하는 경향이 강하다(한재희, 2011).

(3) 필리핀 결혼이주여성과 필리핀 노동자의 특징

우리나라에는 약 만 여 명의 필리핀 출신 여성이 한국인과 결혼, 이주하여 다문화가정을 이루어 살고 있으며, 약 5만 여 명의 필리핀 노동자가 체류하고 있다. 필리핀 노동자 중 약 20%가 불법체류자로 집계되고 있다(보건복지가족부, 2008).

우리나라 다문화가족 중 필리핀 출신 결혼이주여성이 상담을 필요로 하는 갈등 요소를 정리해보면 다음과 같다.

첫째, 필리핀 출신 결혼이주여성은 국어로서 영어를 사용하는데, 이로 인해 한국어 습득 속도가 느리고, 문화 적응이 어려운 것으로 나타났다. 영어 사용에 대하여 허용적이고, 자녀의 영어 학습을 중요하게 여기는 한국의 풍토로 인해 필리핀 결혼이주여성은 가정에서 영어 사용을 지속하면서 한국어를 습득하려는 노력을 보이지 않는 경우도 있다.

둘째, 필리핀 출신 결혼이주여성의 서구식 생활방식으로 문화적 차이로 인한 어려움을 겪을 수 있다. 즉, 한국의 문화를 수용하여 행동하기 보다는 필리핀에서의 생활양식과 태도, 행동들을 하게 되면서 가족 내의 갈등이 초래될 수 있다.

셋째, 필리핀 출신 결혼이주여성은 한국남성의 가부장적 가족관계나 전통적인 유교 사상에 입각한 남존여비 사상 등으로 인하여 불평등을 경험하고 갈등을 느끼는 경우가 많다는 것이다. 여성의 권리가 보장되고 사회 활동이 활발한 필리핀과 다른 한국의 문화와 인식으로 인해 불공평이 발생하게 되고, 이에 대하여 불만을 갖게 되는 경우도 많다.

3) 일본

(1) 지형 및 역사적 배경

일본은 지형적으로 섬으로 구성되어 있어서 동서남북이 바다로 둘러 쌓여 있으며, 북쪽에서 남쪽에 이르기까지 기후분포가 다양하기 때문에 지역에 따라 생활양식의 차이가 나타날 수 있다.

정치제도는 입헌군주제이고, 정부형태는 내각책임제를 취하고 있으며, 중국, 미국 등의 대륙의 정치 변동에 따른 격변에 크게 휩쓸리지 않을 정도로 일본 고유의 정치적 견지를 취하고 있다. 그러면서도 문화적 측면에서는 다른 국가의 문화를 받아들이고 수용해 왔다. 이러한 과정 중에서도 일본의 전통적인 고유문화에 조화롭게 통합시켜서 독자적인 융합문화를 형성하고 있다.

(2) 문화적 배경

일본은 전통적으로 집단 구성원들 간의 운명공동체적인 관계를 중요하게 여겼다. 즉, 개인의 삶이나 가치 보다 사회와 공동체의 가치를 추구하며, 이에 복종하고 순종하며 운명을 함께 하는 관계를 지향하였다. 이러한 전통적인 공동체 의식은 집단주의 성향으로 이어졌으며, 문화적 영향으로 일본인들은 타인의 시선을 평가를 상당히 의식하는 특성을 보이며, 집단과 공동체로부터 소외되는 것에 대하여 불안과 두려움을 조성하여 강력하게 자기의 의견과 주장을 펼치는 것보다 주위에 동조하고 대세에 따르는 경향성이 강하게 자리잡고 있다.

또 다른 일본의 문화적 인식으로 외현적 표현을 자제하는 것을 미덕으로 여기는 것을 들 수 있다. 다른 사람들에게 신경 쓰이게 하거나 자기주장을 강하게 내세우면서 자신의 본심이나 감정을 직접적으로 표현하는 것은 실례가 되며 천박한 행동이라고 여기는 것으로 나타났다.

또한, 전통적으로 일본인들의 최고의 미덕 중 하나는 바로 근면과 절약을 들 수 있으며, 자신의 직분에 최선을 다라고 열심히 일하는 것이 현실적으로 자신에 대한 존재 의식을 느끼게 해 주는 것이라는 인식이 자리잡고 있다.

(3) 일본 결혼이주여성의 특징

우리나라의 다문화가족 중 일본 출신의 결혼이주여성은 약 6,000 여 명 정도로 나타났다(보건복지가족부, 2009). 우리나라에 정착한 일본 출신 결혼이주여성의 경우, 다른 동남아 결혼이주여성들과 상당히 다른 특성을 보이는데, 바로 종교적 영향이라는 것이다. 즉, 통일교라는 종교를 가진 일본인 여성과 한국인 남성이 만나 종교적인 절차에 따라 결혼한 가정이 주류를 이룬다는 것이다. 그밖에 최근 들어 한·일 간의 활발한 문화 교류가 나타나면서 학교, 직장 등에서 자연스러운 만남과 교제를 통해서 가정을 이룬 경우도 상당하다.

또 다른 동남아 국가 출신의 결혼이주여성과 차이점으로 교육 및 문화 수준이 상당히 높다는 특징을 들 수 있다. 이러한 영향으로 인해 다문화 가족 내의 갈등이나 어려움이 크게 드러나지 않는 편이며, 비교적 안정적인 가정 분위기를 형성하고 있다. 우리나라와 인근하고 있기 때문에 문화적 특성도 유사한 부분이 많은 편이라고 볼 수 있다. 그러나 기본적으로 결혼이주여성들은 국가와 상관없이 언어, 가치관, 풍습, 의식주, 생활습관 등의 차이로 인해 다문화가족의 갈등을 안고 있다고 말할 수 있다. 또한, 일본 출신 결혼이주여성의 경우 일반적으로 다른 국가와 민족의 결혼이주여성보다 외국문화에 쉽게 동화되는 경향이 있지만, 이로 인해 국내에 거주하고 있는 자국민과 단절되는 생활을 유지하다가 외로움, 향수병 등으로 어려움을 겪는 경우도 있다.

4) 중국

(1) 지형 및 역사적 배경

중국은 세계 최대 인구와 광대한 영토를 가진 나라이며, 중화인민공화국이 정식 명칭이다. 우리나라와는 최근 들어 활발한 경제

교류가 이루어지고 있지만, 북한과도 정치적 관계를 형성함으로써 자국의 이익을 취하고 있는 모습을 보이고 있다.

중국 인구의 92%는 한족으로 구성되어 있지만, 대륙의 크기가 광활한 만큼 55개가 넘는 소수 민족도 자리 잡고 있다. 중국의 수도인 베이징을 중심으로 한 북부 문화와 경제도시인 상해를 중심으로 한 남부의 문화가 상당한 대비를 보이고 있는데, 특히, 남부 문화는 다른 국가와의 경제 교류의 영향으로 서구 문화를 상당히 빠른 속도로 받아들이고 있다.

중국의 소수민족 중 하나인 조선족은 중국에 살고 있는 우리나라 이주동포로서 북한지역과 인접한 동북 삼성에 약 200 만 명이 거주하는 것으로 알려져 있다. 우리나라의 중국 출신 결혼이주여성의 대부분은 조선족으로 볼 수 있다.

(2) 중국 결혼이주여성의 특징

한국사회에서 국제결혼이 활발하게 나타나는 시기는 대략 1990년대 초라고 볼 수 있는데, 농촌의 미혼 여성 대부분이 대도시로 이주해 가면서 농촌의 미혼 남성들의 결혼이 사회적인 문제로 대두되면서 '농촌총각 장가보내기'의 일원으로 국제결혼이 시작되었다. 이 때 국제결혼은 주로 연변 등의 조선족 여성들을 대상으로 이루어졌으며, 결혼과 동시에 우리나라로 이주하여 정착하면서 다문화가족을 형성하게 된 경우가 많았다.

우리나라에 결혼이주를 통한 다문화가족 중 40% 이상이 조선족을 포함한 중국 출신의 여성들이었는데, 조선족 여성의 경우 중국에 거주하는 우리나라 동포이기 때문에 한국어를 계속해서 사용하고 있어서 의사소통이 비교적 원활하게 이루어진다는 장점이 있었기 때문이다.

그러나 중국 출신 결혼이주여성 역시 다문화가족 내에서 어려움과 갈등을 보이는 경우도 상당하였다. 중국 출신 결혼이주여성의 갈등 요소를 살펴보면 다음과 같다.

첫째, 중국 출신 결혼이주여성과 우리나라 남성 간의 문화적 갈등에 따른 많은 문제를 호소하였다. 특히, 남성과 여성의 지위와 역할에 대한 문화적 갈등이 크게 나타나고 있는 것으로 나타났다. 중국은 남성과 여성의 지위와 역할의 차이가 구별되지 않으며, 육아 및 가사를 공통적으로 분담하는데 반해 우리나라의 경우 육아와 가사를 여성이 전적으로 담당하게 되면서 사회생활이 어려워지고, 부부간의 갈등을 겪는 것이었다.

둘째, 우리나라의 남존여비 사고방식이나 시댁과 친정에 있어 시댁 위주의 비대칭적 관계 등으로 인해 부부갈등이 유발되는 경우가 많다는 것이다. 남편의 원가족과 분리되지 않고 함께 살면서 시댁의 강요나 압력 등에 대하여 불만을 갖게 되는 것으로 나타났다.

셋째, 한국인 남편과 시부모가 중국 출신 결혼이주여성의 생활양식과 태도에 대한 문제를 호소하는 것으로 나타났다. 중국 출신의 결혼이주여성들은 한국 남성의 권위주의와 남존여비 태도에 대한 불만이 상당하였지만, 한국인 남편 역시 중국 출신 결혼이주여성이 자기주장이 너무 강하고, 자신의 감정과 생각을 표면적으로 강력하게 드러내면서 자신의 뜻대로 하려고 한다는 점에서 불만을 토로하며 부부 및 가족 갈등을 겪는 것으로 나타났다.

4. 다문화가족 상담자의 상담기법

다문화가족을 대상으로 하는 상담이라고 해서 일반적인 상담과 다른 원리나 기법이 적용되는 것은 아니다. 다문화가족 상담 역시 상담의 개념을 구성하는 요소를 그대로 담고 있는 활동이라고 말할 수 있다. 즉, 상담자와 내담자의 상호작용을 통해서 이루어지는 활동이며, 상담자와 내담자의 관계에 기초를 둔 과정으로서 내담자로 하여금 새로운 행동을 학습하거나 새로운 태도를 형성하도록 돕는 것이며, 개인 존중에 기초한 상담자와 내담자의 상호 협력 활동이다(김계현, 2001). 그러므로 다문화가족 상담자는 일반적인 상담기법을 다문화가족 내담자에게 적용해야 하며, 상담자와 내담자의 상호작용에서 가장 중요한 의사소통이 원활하게 이루어지도록 노력해야 한다. 의사소통이라고 해서 언어에만 국한되어 있는 것이 아니라 비언어적인 내용도 함께 포함해야 한다.

상담자와 내담자의 원활한 상호작용에 필요한 기법과 기술은 모든 상담 장면과 상황에서 가장 핵심적인 기술이라고 말할 수 있으며, 크게 관계형성기법, 경청기법, 질문기법으로 구분할 수 있다.

1) 관계형성기법

관계형성기법은 상담자와 내담자간의 친밀감과 신뢰감에 해당하는 라포(rapport)를 형성하여 원활한 상담 과정을 이어가는데 필요한 기법이다. 관계형성기법에 포함되는 것은 대면태도, 무조건적 수용, 공감적 이해, 솔직성이다.

(1) 대면 태도

대면 태도는 상담자가 내담자와 상담하는 과정에서 보여주는 비언어적인 행동에 해당한다. 즉, 자세, 얼굴 표정, 제스츄어, 시선 등을 말한다. 다문화가족 대상의 상담 과정에서는 대면 태도가 상당히 중요하다. 서로 다른 문화와 언어를 가진 상담자와 내담자가 만나서 상담을 실시할 때 내담자는 상담자가 보여주는 비언어적인 행동을 통해서 상담자에 대한 친밀감과 안정감을 느끼게 되기 때문이다. 다문화가족 상담 시에 필요한 대면 태도를 설명하면 다음과 같다.

■ 좋은 자세

- 내담자를 향해서 앉는다. 상담자가 내담자를 향해서 앉아 있지 않을 때 내담자는 상담자가 자신을 무시한다거나 관심이 없는 것으로 느낄 수 있다.
- 개방적인 자세를 취한다. 경계하는 것처럼 몸을 웅크리고 있거나 고개를 숙이고 있지 않도록 하여야 하며, 이완되고 자연스러운 자세로 내담자의 말을 경청하는 모습을 보이도록 한다.
- 때때로 상대방을 향해 몸을 기울여 앉는다. 몸을 뒤쪽으로 멀찌감치 빼고 있는 자세는 상담의 말에 관심이 없다는 것으로 비칠 수 있으므로 가끔 내담자 쪽으로 몸을 약간 기울이고 있는 것이 좋다.
- 대화하는 동안 적절한 추임새를 넣는다. 내담자가 자신의 생각과 감정을 표현하려고 애쓰는 모습을 보일 때에는 고

개를 끄덕이거나 “음, 음” 등의 적절한 언어적, 비언어적 반응을 보여야 한다.

- 시선을 통한 접촉을 적절히 한다. 한국 문화와 전혀 다른 문화적 배경을 가진 다문화가족 내담자는 한국의 문화적 반응에 대하여 오해할 소지가 있으므로 눈맞춤 등의 시선 처리를 적절히 하도록 한다. 지나치게 오래 쳐다보거나 빤히 쳐다보는 것을 삼가도록 하고, 부드럽고 온화한 시선으로 내담자를 바라보도록 한다.

(2) 무조건적 수용

무조건적 수용은 내담자에 대한 긍정적인 태도나 입장을 말하는 것으로, 아무런 조건없이 인간이라는 존재 자체에 대한 존엄성을 인정하는 것이다(황매향 외, 2012).

또한, 무조건적 수용은 내담자의 특성을 있는 그대로 이해하면서도 한 인간으로서의 존엄성이나 인격에 대한 가치를 인정하고 내담자에 대한 존중과 호감을 지속적으로 유지해 나가는 상담자의 태도를 의미한다. 상담자 자신과 다른 문화와 언어를 가졌다고 해서 수준이 낮다거나 타 문화에 대한 선입견 등을 배제하고, 내담자의 국적, 출신 국가, 인종, 학력 등에 대한 편견을 갖지 않고 내담자를 인간적으로 존중하고 이해하려는 마음을 갖도록 노력해야 한다. 이러한 노력이 바로 상담자가 가져야 하는 진정한 수용이다. 또한, 내담자가 현재 다문화가족 내에서 갈등과 어려움을 겪고 있더라도 스스로 문제를 해결할 수 있을 것이라고 믿고 내담자의 노력에 격려해 주는 긍정적인 수용도 포함된다.

(3) 공감적 이해

공감적 이해는 자신이 직접 경험하지 않고도 다른 사람의 감정을 거의 같은 내용과 수준으로 이해하는 것을 말한다(김계현, 2001). 공감적 이해에는 인지적 측면, 정서적 측면, 의사소통의 측면이 포함된다.

인지적 측면은 내담자의 감정을 느끼거나 내담자의 행동을 이해할 수 있도록 만드는 지적인 요인을 말하는 것으로 내담자가 보이는 감정, 태도, 신념 등에 대하여 정확하게 의미를 파악하는 능력이 포함된다. 내담자의 문화와 생활양식 등에 대한 지식과 정보를 습득해야 인지적으로 공감할 수 있게 된다.

정서적 측면은 내담자의 심리적 고통이나 심리적 상태에 대한 정서적 각성상태를 말하는 것이다. 내담자의 입장에서 상황과 사물을 바라보는 것과 마찬가지로 내담자의 느낌의 틀 안에서 바라봄으로써 갖게 되는 감정이다.

마지막으로 의사소통적 측면은 상담자의 내면에 이루어진 공감이 외적으로 표현되어 내담자에게 전달되는 요인을 의미하는 것으로 내담자가 자신과 다른 문화를 가진 상담자에게 자신의 생각과 감정을 전달했을 때 상담자가 이에 대하여 이해하고 알게 되었다는 것을 전달하는 능력을 말하는 것이다.

(4) 솔직성(진실성)

솔직성은 상담자가 한 인간으로서 좀 더 정직한 내면으로 내담자를 만나는 개방적인 태도를 의미하는 것으로 진실성이라고 할 수 있다. 상담자가 내담자에 대하여 공감적 이해를 하고, 무조건적 수용의 태도를 보여준다고 하더라도 그 마음이 진정성이 없다면, 내담자와 신뢰로운 관계를 형성하는 것은 불가능하다(황매향 외, 2012). 아무리 언어와 문화가 다른 다문화가족 내담자라고 할지라도 상담자가 내면적으로 진실하고 정직하지 않다고 느낀다면, 상담자를 더 이상 신뢰하지 못하게 될 것이며, 오히려 상담자로 인해 내담자는 심한 마음의 상처를 받게 될 가능성이 높다.

상담자의 내면을 스스로 인정할 수 있는 진실성과 상담자가 말하고 행동하는 것이 그의 내면에 일어나는 실제적인 역동과 일치하는 일관성을 갖도록 하기 위해서는 상담자는 자신의 내면에서 일어나는 다양한 감정, 생각, 느낌의 경험과 이러한 경험에 대한 의식적인 지각, 그리고 그 표현이 모두 일치하도록 노력해야 한다.

2) 경청기법

다문화가족 상담의 두 번째 상담기법으로 경청기법을 들 수 있다. 내담자의 이야기에 귀를 기울이는 경청은 상담의 성공을 결정하는 핵심 기법이라고 말할 수 있다. 더군다나 문화적응 스트레스로 인해 심리적으로 위축되어 있는 다문화가족 내담자가 보다 정확하게 자신이 겪고 있는 심리적 문제를 해결하도록 도움을 주기 위해서는 무엇보다 상담자가 내담자가 말하는 것을 정확하게 이해하고 이를 표현함으로써 내담자가 자신의 생각, 감정, 문제를 보다 명확하게 인식하고 적응적이고 건강하게 의사결정과 문제해결을 할 수 있도록 해야 한다.

다문화가족 상담의 경청기법 역시 일반적인 상담에서 적용하는 기법과 마찬가지로 반영, 재진술, 구체적 명료화, 요약기술이 포함된다.

■ 반영

– 내담자가 표현하는 언어적, 비언어적 메시지의 핵심을 거울처럼 비추어 주는 기술로서 내담자가 표현하는 언어적 내용, 내담자가 드러내는 감정, 내담자가 표출하는 비언어적인 행동과 태도 등을 상담자가 포착하여 이를 표현하는 것이다.

■ 재진술

– 상황이나 사건 등 내담자가 말하는 내용을 상담자의 언어로 바꾸어 말함으로써 내담자로 하여금 자신이 말한 내용에 대해 주의를 기울이도록 하는 반응을 말하는 것으로, 한국어에 서툰 다문화가족 내담자의 이야기를 상담자가 다시 한번 말하도록 하는 것이다.

■ 구체적 명료화

– 내담자의 혼란스런 내면적 지각으로 인해 불확실하고 애매모호한 느낌, 생각, 상황, 경험 등을 세밀하게 확인하여 이해하는 과정을 말하는 것이다.

– 내담자의 내면에 암시적으로 내포된 의미와 문제 상황 등을 내담자에게 명백하게 보여주는 것이다. 특히, 한국 문화에 대한 정보가 부족하고 심리적인 어려움을 겪고 있는 다문화가족 내담자는 자신의 현재 상태에 대한 혼란스러움을 더욱 심하게 느낄 수 있다. 그러므로 상담자는 내담

자가 겪고 있는 상황, 경험에 대하여 내담자가 느끼는 감정, 생각 등을 상세하게 확인하는 과정이 필요하다.

■ 요약기술

- 상담과정에서 다루어진 중요한 내용과 진행 사항을 상담자가 언어적으로 간략히 간추려서 표현하는 경청적 반응을 말한다.
- 내담자가 말한 전반적인 내용, 내담자가 느끼는 전반적인 감정의 흐름과 상담자의 진행과정 등 상담과정에 있었던 모두를 포함하여 내담자에게 표현해주는 것으로서 상담에 익숙하지 못한 다문화가족의 내담자에게 상담자가 회기 내의 상담 내용을 다시 한번 요약해줌으로써 내담자가 자신을 이해하는데 도움이 된다고 말할 수 있다.

3) 질문 기법

효과적인 다문화가족 상담을 이끌기 위한 또 다른 상담기법으로 질문기법을 들 수 있다. 다양한 질문 기법을 활용하는 것도 중요하지만, 다문화가족 상담의 경우에는 다문화가족 내담자가 한국어를 어느 정도 습득하고 질문을 이해할 수 있는가를 고려하여 질문 기법을 적용하는 것이 필요하다.

■ 폐쇄적 질문, 개방적 질문

- 폐쇄적 질문은 내담자의 특정한 세부정보에 초점을 맞추거나 사실 여부에 대한 확인, 양자택일에 대한 요구 등을 위해 활용되는 질문 형식을 말하는 것이다. 내담자가 비교적

짧게 응답할 수 있다.

- 개방적 질문은 내담자가 자신과 관련된 사항에 대해 설명할 수 있도록 이끌어 가는 상담자의 질문을 말하는 것으로, 자신의 이야기를 비교적 길게 말할 수 있는 내담자에게 적용하도록 한다.

■ 직접 질문과 간접 질문

- 직접 질문은 궁금한 사항을 직접적으로 물어보는 것으로서 의문부호로 끝나는 질문을 말한다.
- 간접 질문은 질문형식이 의문부호로 끝나기 보다는 관심을 전달하는 듯 하면서도 궁금증을 드러내는 질문을 말한다.

■ 해결중심적 질문

- 기적 질문은 내담자로 하여금 자신이 변하고자 하는 목표를 구체화시킬 수 있도록 도와주는 질문을 말한다.
- 예외 질문은 내담자가 생각하는 문제적 행동이나 상황이 발생하지 않은 생활 속에서의 실례를 탐색하는 질문이다.
- 척도 질문은 숫자가 갖는 등급의 특징을 활용하여 내담자로 하여금 문제나 해결의 과정 등 자신과 관련된 여러 상황이나 진행의 차이를 보다 감각적으로 인지할 수 있도록 하는 질문을 말한다.
- 대처 질문은 내담자가 문제를 극복하기 위해 활용했던 자원에 대한 탐색과 문제 극복을 위한 아무런 능력도 소유하고 있지 않다고 느끼는 내담자의 신념체계를 흔들어 놓는 질문을 말한다.

다문화아동가족상담 연습

다문화가족 상담자로서 가장 필요한 것은 바로 다문화에 대한 인식과 이해능력이라고 볼 수 있습니다. 다음의 질문들에 대하여 응답하고 자신의 다문화 인식 및 이해에 대하여 생각해 보도록 합시다.

	예	아니오
1. 나는 동성애자에 대하여 부정적인 감정을 가지고 있다		
2. 나는 다른 나라 사람과 친구가 되어 본 적이 없다		
3. 나는 사회적 고정관념 즉, 혈액형별 성격이나 나라별 국민성 등을 나도 모르게 표현하는 편이다		
4. 나는 나와 종교가 다른 사람들과 깊은 대화를 나누거나 함께 일을 하는 것이 불편하다		
5. 나는 나이차가 많이 나는 세대와 이야기를 나눌 때 벽을 느끼곤 한다		
6. 나는 중국, 베트남 등의 결혼이주여성들의 우리 문화의 내담자들이 느끼는 고민이 비슷할 것이라고 생각한다		
7. 나는 봉사활동 경험이 없다		
8. 나는 외국에서 거주해 본 경험이 없다		
9. 나는 직장이나 공동체에서 문화가 다른 외국인과 함께 해 본 경험이 없다		
10. 나는 AIDS 보균자를 만나게 된다면 같은 공간에 있는 것이 꺼려질 것이다		
11. 나는 우리 사회의 소수자들(장애우, 동성애자, 외국인 노동자 등)의 기분을 이해하기 어렵다		

【채점 방법】

- 검사 문항에서 '예' 라고 응답한 개수가 9개 이상: 다문화 및 소수문화에 대한 인식능력이 낮은 편이라고 할 수 있습니다.
- 검사 문항에서 '예' 라고 응답한 개수가 4-8개: 다문화 및 소수문화에 대한 인식능력이 보통 수준이라고 할 수 있습니다.
- 검사 문항에서 '예' 라고 응답한 개수가 3개 이하: 다문화 및 소수문화에 대한 인식능력이 높은 편이라고 할 수 있습니다.

- 다문화인식과 이해능력에 대한 검사 결과를 바탕으로 스스로에 대하여 성찰해보도록 합시다. 검사 결과에 비추어 자신은 어떤 사람이라는 생각이 드는지 적어보도록 합시다.

- 다문화가족 상담자가 되기 위해서 자신에게 필요한 능력 혹은 보완하거나 발전시켜야 하는 능력이 무엇이라고 생각하십니까?

◐ 주요 핵심내용 정리 ◑

1. 다문화가족 상담자의 훈련과정

- 1단계는 문화에 대한 인식훈련단계로서 다문화가족 상담자 자신과 문화적으로 다양한 내담자의 관점으로부터 상황을 정확하게 볼 수 있는 능력을 배양하는 과정을 의미합니다.
- 2단계는 지식훈련의 단계로서 다문화가족 상담자 자신의 문화와 타 문화에 대한 다양한 자료를 통해 더욱 풍부하고 올바른 지식을 습득하는 과정입니다.
- 3단계는 기술훈련의 단계로서 다문화가족 상담자가 문화적 자각과 올바른 문화적 지식을 바탕으로 상담적 상황에서 올바른 방법을 통한 다문화적 상담기술을 활용하는 과정입니다.
- 4단계는 사례관리훈련 단계로서 다문화가족 상담자가 내담자가 속한 그룹이나 공동체로서 얻을 수 있는 비공식적 자원과 정부나 공공기관으로 얻는 비공식적 자원을 활용하여 내담자의 삶 전반에 효과적으로 개입할 수 있는 체계적인 사례관리적 기법을 습득하는 과정입니다.

2. 다문화가족 상담자가 익혀야 할 상담기법

- 다문화상담 역시 일반적인 상담의 원리와 마찬가지로 기본적으로 상담자와 내담자의 상호작용을 통해 이루어집니

다. 그러므로 상담자와 내담자의 상호작용에서 가장 중요한 요인은 의사소통이며, 의사소통을 위한 방법은 언어적인 내용이 아니라 비언어적인 내용으로 이루어집니다.

- 상담자와 내담자의 상호작용 기술은 모든 상담적 상황에서 가장 핵심적인 기술로서 크게 관계형성기법, 경청기법, 질문기법으로 나누어집니다.

3

다문화가족 아동의 이해

3장 다문화가족 아동의 이해

생각해보기

교육부와 한국청소년상담원이 실시한 다문화가족의 인식 조사에 대한 연구결과를 살펴보면, 우리나라 다문화가족의 자녀들은 자신이 '한국인'이라는 소속감과 국적에 대한 인식 정도가 그렇게 높지 않은 것으로 나타났습니다. 특히, 흑인계 다문화가족의 자녀들은 자신이 한국인이라고 전혀 인식하지 못하고 있다고 합니다. 또한, 한국을 떠나 이민을 가고 싶다는 욕구도 높다고 합니다.

부모 중 한쪽이 외국인인 다문화가족의 자녀들은 부모가 모두 한국인인 가정의 자녀들과 외형적인 모습에서 차이가 나타납니다. 비록 외모나 외양적인 측면에서 다르긴 하지만, 다문화가족 역시 엄연히 대한민국의 국적을 가진 한국인임이 분명합니다. 그런데, 그들이 소속감을 느끼지 못하고 스스로를 한국인이라고 받아들이지 못한다면 한국인 혹은 한국 문화에 내재해 있는 문화적 폐쇄성과 순혈주의에 집착하는 잘못된 사회적 인식 구조의 측면의 문제점과 모순을 심각하게 생각해 보아야 할 것입니다. 특히, 피부색깔이나 외양에서 차이가 날수록 소속감이 없다는 연구 결과에 비추어 볼 때, 인식의 변화가 시급하다고 볼 수 있습니다.

이번 장에서는 다문화가족의 자녀 중 아동기 자녀들의 심리적 · 발달적 · 문화적 특징에 대해서 알아보고, 그들이 성장하면서 나타나는 다양한 문제점과 주요 상담 영역 등과 함께 다문화가족 아동을 대상으로 이루어지는 주요 상담 방법에 대해서 살펴보도록 하겠습니다.

1. 다문화가족 아동의 의미와 특징

1) 다문화가족 아동

1990년대의 '농촌총각 장가보내기 운동'의 일환으로 한국 남성과 외국인 여성이 결혼하여 형성된 가정과 외국인 근로자가 한국 여성과 결혼하는 사례가 늘어나면서 우리나라의 가족의 형태는 다변화되어 왔다. 이처럼 한국인과 외국인과의 국제결혼으로 인해 형성된 가정, 이주노동자가 한국에서 결혼하여 형성된 가정을 가리켜 다문화가정이라고 하며, 그 구성원들을 다문화가족이라고 말한다. 즉, 다문화가정은 다른 국적 혹은 다른 인종을 가진 남녀가 결혼하는 국제결혼가정을 의미한다.

국제결혼가정을 다문화가정이라고 일컫게 된 계기는 2003년에 30여 개의 시민단체가 연합하여 건강시민연대를 구성하고, '국제결혼', '혼혈아', '튀기' 등의 인종차별적, 문화차별적 용어 대신 '다문화가족', '다문화가족 2세' 등의 용어를 사용하자고 주장하면서부터이다(한겨레, 2003).

우리나라에 다문화가족이 형성된 것은 최근의 일이 아니며, 1950년대 한국전쟁 시기로 거슬러 올라간다(유철인, 1996). 한국전쟁 당시 미국에서 파병된 미군 병사와 경제적으로 빈곤했던 한국인 여성이 결혼하면서 다문화가족이 만들어졌다. 그 후 1980년대에 들어서면서 한국의 비약적인 경제발전으로 국제적인 교류가 빈번해지면서 중상류층의 국제결혼이 이루어졌다(홍영숙, 2007).

1990년대에는 여성들의 사회활동의 참여가 증가하면서 경제적인 능력을 갖춘 여성들이 결혼을 기피하는 동시에 도시로 이주하는 인구의 급증 등으로 농촌 남성의 결혼이 어려워졌다. 이에 대한 해결 방안으로 정부 차원에서 농촌 남성들에게 저개발국의 여성을 배우자로 선택하도록 독려하게 되었고, 경북 예천을 시작으로 유행처럼 농촌총각 장가보내기가 번지게 되었다. 또한, 영리 목적을 채우려는 국제결혼 중개업체의 적극적인 개입과 상술이 국제결혼의 증가를 부추기게 되었다.

이러한 배경으로 형성된 국제결혼 가정의 자녀를 다문화가족 아동이라고 한다. 보다 정확히 말하면, 외국인이 한국 사회의 기존 구성원인 내국인과 결합하여 형성된 가족의 자녀 중 아동기에 해당하는 만 7세부터 12세까지에 해당하는 자녀를 다문화가족 아동이라고 지칭한다.

1997년 개정된 국적법 제2조 1항[3]에 따라 다문화가정에서 태어난 다문화가족의 자녀들은 출생과 동시에 헌법 제31조[4]에 의한 교육권을 보장 받고 있다. 즉, 다문화가족의 자녀는 한국 국적을 가지고 있는 한국인으로써 교육뿐만 아니라 모든 면에서 내국인과 동일한 권리를 가지고 있음을 의미하는 것이다.

---

3) 우리나라 국적법 제2조 1항에서 표방하고 있는 핵심 내용은 '부모양계혈통주의'이다. 부모양계혈통주의의 개념은 출생 당시 부모 중 어느 한 사람이라도 한국 사람이면 그 자녀는 출생과 동시에 한국 국적을 취득함을 말한다.

4) 헌법 31조는 대한민국 국민의 의무 중 교육에 관한 조항으로 총 6항으로 구성되어 있다. 즉, '모든 국민은 능력에 따라 균등하게 교육을 받을 권리를 가진다', '모든 국민은 그 보호하는 자녀에게 적어도 초등교육과 법률이 정하는 교육을 받게 할 의무를 진다', '의무교육은 무상으로 한다', '교육의 자주성·전문성·정치적 중립성 및 대학의 자율성은 법률이 정하는 바에 의하여 보장된다', '국가는 평생교육을 진흥하여야 한다', '학교교육 및 평생교육을 포함한 교육제도와 그 운영, 교육재정 및 교원의 지위에 관한 기본적인 사항은 법률로 정한다' 등을 말한다.

그러나 혈통과 순혈주의라는 보수적이고 전통적인 관점을 강조하고 집착하는 대한민국에서는 다문화가족과 그 자녀의 수가 급증함에도 불구하고, 대한민국의 같은 국민으로 인정하고 수용하기 보다는 부정적인 의미를 담고 있는 용어로 다문화가정의 자녀를 지칭하고 있다.

대표적인 예가 아메라시안(Amerasian), 라이따이한(Lai Daihan), 코시안(Kosian)이 있다. 아메라시안은 1950년대에 미국 군인 아버지와 한국인 어머니 사이에서 태어난 자녀들을 지칭하는 용어이며, 베트남 전쟁에 군인으로 참전했던 한국인 아버지와 베트남 어머니 사이에서 태어난 자녀들을 가리켜 라이따이한이라고 하고, 동남 아시아계 외국인과 한국인 간의 결혼을 통해서 태어난 자녀들에 대하여 한국인(Korean)과 아시아인(Asian)를 조합하여 코시안으로 일컫는다.

이러한 용어들은 다문화가족과 다문화가족 2세에 대해서 한 동족으로 인정하기를 거부하는 사회적 표현이라고 할 수 있으며, 이러한 냉대와 편견으로 인해 매우 어린 시기부터 다문화가족의 구성원들은 심리적 고립감과 정서적 소외감을 경험하게 되는 것이다.

2) 다문화가족 아동의 특징

우리나라의 다문화가족 아동들 대부분이 한국의 전통적인 문화의 특징과 한국적 정서의 영향으로 매우 어린 시기부터 한국인으로서의 정체감을 형성하는데 어려움을 겪게 된다.

우리나라 다문화가족 아동들에게 적합한 교육과정과 내용을 제공함으로써 건강하고 적응적인 삶을 살 수 있는 시민으로 성장하도록 이끌기 위해서는 다문화가족 아동들의 특징에 대하여 이해할 필요가 있다.

우리나라 다문화가족 아동들이 가지고 있는 첫 번째 특징으로 이중 문화의 경험을 들 수 있다. 우리나라는 전형적인 가족공동체 문화를 유지하고 있으며, 특히 농촌의 경우 이러한 특성이 더욱 강력하다. 모든 가족이 동일한 문화와 언어를 공유하는 것을 중요하게 생각하는 가족공동체 분위기에서 국적과 인종이 다른 문화가 함께 공존한다는 것은 긴장과 갈등을 초래하게 만드는 원인이 되며, 이러한 가정 속에서 자녀들은 정서적인 불안정감을 경험하게 된다(김갑성, 2006).

부모의 이중 문화가 가정 내에서 적절하게 융합되고 조화를 이루지 못하는 경우에는 부부뿐만 아니라 부모와 자녀 간의 의사소통에서 어려움을 겪게 되며, 한국 문화에의 적응과 한국어 습득에서 어려움을 겪는 결혼이주여성들이 겪게 되는 심리적 · 정서적 고립감과 스트레스는 양육 행동에도 영향을 미쳐 자녀들 역시 한국어를 제대로 습득하지 못하는 경우도 발생하게 된다. 언어와 문화를 서로 긴밀하게 연결되어 있기 때문에 한국어를 습득하지 못한 다문화가족 아동들은 한국 문화를 수용하여 가치관을 형성하는 데에도 어려움을 경험하게 된다.

결국 다문화가족 아동은 아버지의 문화도, 어머니의 문화도 완전하게 습득하지 못한 채 정체감 부재 혹은 정체감 혼재에 놓이게 된다.

두 번째 특징은 어린 나이에 차별과 편견을 경험한다는 것이다. 우리나라의 전통적인 문화 풍토 중 순혈주의가 중시되면서 다문화가족의 2세 자녀를 가리켜 '혼혈'이라는 차별적 용어로 불리는 부정적인 경험을 하게 된다. 더군다나 다문화가족에 대하여 비정상적으로 형성된 가족, 계층적으로 낮은 계층에 속하는 불쌍한 가족이라는 선입견을 갖거나 무턱대고 불행한 삶을 살고 있다고 판단하는 경우도 있으며, 결혼이주여성에 대하여 위장 결혼자가 대다수라는 잘못된 편견을 가지고 부당하게 대우함으로써 사회적 차별과 편견을 겪는 일이 발생하기도 한다.

뿐만 아니라 어머니가 결혼이주여성이기 때문에 다문화가족이 우리나라의 복지자원을 부당하게 사용하고 있다는 오해를 하고, 이후에 그 자녀에게까지 그러한 시각과 편견을 유지하면서 사회적 갈등을 조장한다는 우려의 목소리도 높아지고 있는 실정이다(박은애, 2007).

2. 다문화가족 아동 및 자녀의 문제점 및 주요 상담영역

배타적 민족주의 성향이 남아있는 우리나라에서 출생하여 성장하고 있는 다문화가정의 자녀들은 사회적 · 제도적 열악한 상황으로 인해 여러 가지 심각한 문제를 안고 살아가고 있다. 이러한 다문화가족 아동 및 자녀의 문제는 바로 다문화아동가족상담의 주요 상담 영역이라고 볼 수 있다.

다문화가족 아동 및 자녀의 문제이자 다문화아동가족상담의 주요 상담영역을 구분하면, 크게 언어, 정서, 교우 관계 등으로 나누어 볼 수 있다.

1) 언어

인간이 태어나서 성장하는 동안에 삶에서 필요한 대부분의 능력과 기술을 언어를 통해서 학습하게 된다. 저명한 심리학자인 비고츠키(Vygotsky)는 언어가 인지발달의 중요한 매개체이자 수단이 되며,

언어를 가지고 사회적 상호작용함으로써 다른 사람이 이미 가지고 있는 지식에 접근할 수 있다고 설명하였다.

언어의 가장 큰 역할은 타인과의 의사소통이며, 의사소통은 인간관계를 성립하는데 기본적이고 필수적인 기술이다. 일반적으로 사람이 깨어있는 동안에 70-80%의 시간을 어떤 형태로든 의사소통을 하면서 보내게 되는데, 그 중에서도 45%의 시간을 주로 다른 사람의 말을 듣는데 소비하게 된다. 특히, 생애 초기의 영유아는 가정에서 주 양육자의 말을 듣는 과정을 통해 언어를 습득하게 된다. 그러므로 언어와 의사소통 기술의 습득은 가정에서 이루어진다고 볼 수 있으며, 주 양육자의 노력과 모국어에의 노출은 영유아가 언어를 습득하는 속도에 중요한 영향을 미친다고 볼 수 있다. 이런 점에서 볼 때 가족 간의 대화 특히, 부모-자녀간의 대화는 자녀의 언어발달은 물론 인지발달에 있어서 결정적인 요인이라고 말할 수 있다.

다문화가족의 자녀의 언어습득과 관련하여 문제가 나타날 수 있다. 즉, 결혼이주여성인 어머니가 한국어를 습득하지 못한 채 임신, 출산, 양육을 하게 되면서 다문화가족 자녀의 모국어에 해당하는 한국어를 제대로 습득하지 못함으로써 사회적 적응과 대인관계 형성에 어려움을 겪게 된다.

(1) 다문화가족 아동이 겪는 언어 문제의 원인

최근 서울시에서 실시한 다문화가족에 대한 현황 조사에서 다문화가족 아동 중 언어발달지체 및 언어장애를 겪고 있는 경우가 상당한 것으로 나타났다(2010, 서울시). 수도권에 거주하는 다문화가족의 유아기 자녀에 대한 언어발달수준과 상태를 조사한 결과, 약 54%의 유아가 전문적인 치료를 필요로 하는 수준이었으며, 정상 범주에 속하는 언어발달 수준을 보이는 유아는 약 20%에 불과했다. 언어 문제와 더불어 사회성 발달에도 문제를 보이는 유아가 30% 정도였다.

이처럼 다문화가족의 자녀들은 한국인 부모를 가진 가정에 비하여 언어발달의 문제가 심각하게 나타나고 있으며, 이것은 단순히 현재 아동이 대화를 할 수 있느냐의 여부를 떠나서 이후에 학교생활, 대인관계, 사회생활을 좌우하기 때문에 시급한 해결방법이 필요로 한다.

그렇다면, 다문화가족 아동에게서 나타나는 언어 문제의 원인은 무엇이라고 볼 수 있을까?

무엇보다도 생애 초기 가정에서의 언어발달이 이루어지지 않았기 때문이라는 주장이 지배적이다(양재찬, 2006; 정은희, 2004). 영유아 및 아동의 언어습득 및 발달은 가정환경, 교육환경에서 많은 영향을 받는다. 특히, 가정환경은 언어학습에 있어서 중요한 역할을 하며, 부모와의 언어적인 상호작용이 매우 중요한 요인이라고 할 수 있다. 가정에서 자녀가 모국어를 습득할 수 있는 충분한 환경이 마련되었는가와 주 양육자인 어머니가 사용하는 언어가 무엇인가가 자녀의 모국어 습득에 직접적인 영향을 미치는 것이다.

우리나라 다문화가족 아동의 언어능력과 언어 문제는 주 양육자인 어머니의 한국어 구사 능력과 상당히 관련이 깊은 것으로 나타났다. 경제 활동으로 인해 자녀 양육에 관여하지 않는 아버지는 자녀와의 언어적인 상호작용의 기회가 거의 없을 뿐만 아니라 한국어를 습득하지 못한 어머니와 대부분의 시간을 보내면서 한국어에 노출되고 학습하지 못함으로써 언어 발달이 지연되거나 정체되는 경우가 발생하는 것이다.

게다가 우리나라 다문화가족에서는 결혼이주여성인 어머니의 모국어 사용이 암묵적으로 금기시 되면서 다문화가족의 자녀는 한국어와 어머니의 모국어 모두 미숙한 경우가 대부분이다(교육인적자원부, 2006).

다문화가족의 언어 문제를 해결하기 위한 정부부처간의 혼재된 방법도 원인이라고 볼 수 있다. 다문화가족을 대상으로 한국어교육을 시행하고는 있지만, 대부분의 경우 결혼이주여성인 어머니를 대상으로 실시하고 있다. 보건복지부에서는 결혼이주여성인 어머니와 자녀인 아동을 대상으로 방문교육서비스, 결혼이민자가족지원센터 등에서 한국어교육을 실시하고 있고, 교육부의 경우 언어 문제를 겪고 있는 학령기 아동을 대상으로 한국어반 등을 운영하고 있다. 하지만, 언어는 한 국가와 사회의 문화를 반영하는 것이기 때문에 한 연령대를 대상으로 한 언어교육만으로는 사회구성원으로서 건강하게 살아가는데 역부족이므로 각 정부 부처가 협력하여 다각적인 방향에서 언어와 문화를 포함한 다문화가족 교육 지원을 논의하고, 교육 프로그램 개발과 교사 양성을 활성화하는 것이 필요하다.

참고자료

언어가 중요한 이유

현재 지구상에 존재하는 모든 동물들 중에 인간만이 유일하게 말을 하고, 언어라는 상징 도구를 사용하여 글을 쓸 수 있다. 아마 사람에게 언어가 없었다면, 다른 동물들과 별반 다르지 않을 것이다. 사람의 뇌가 지금처럼 발달할 수 있었던 것도 언어라는 효과적인 도구가 있었기 때문이다. 그렇다면, 언어는 사람에게 어떤 방법으로 동물과 구별되는 발달을 초래한 것일까? 이러한 질문은 언어가 인간에게 왜 중요한가와 일맥상통하는 질문일 될 것이다.

첫째, 인간은 언어를 통해 자신의 생각을 명료하게 하고, 욕구와 의도를 표현할 수 있기 때문에 중요하다. 지금 느끼고 있는 감정을 말을 사용하지 않고 표현해보자. 어떻게 표현할 수 있을까? 우리에게 언어가 없다고 현재의 감정 상태를 표현하기는커녕 어떤 감정인지 조차도 인식할 수 없을 것이다. 언어를 가지지 못한 동물들은 그저 몸이 반응하는 대로 행동하게 된다. 동물과 달리 언어를 가진 사람은 자신이 느끼는 것, 경험, 생각들을 구체적으로 말 혹은 글의 형태로 인식하고 정리하게 되면서 다시한번 검토하고 성찰하는 과정을 거치면서 보다 적응적이고 합리적인 행동인지를 선택하고 결정하게 된다.

둘째, 사람은 언어를 사용하여 다른 사람들과 의사소통을 하고 대인관계를 형성하기 때문에 중요하다. 일본 속담에 '말은 마음의 심부름꾼'이 있다. 말 혹은 글을 사용하여 사람은 다른 사람에게 마음을 전달하고, 서로를 이해하게 되며, 관계가 형성된다. 이러한 과정은 바로 사회성이 형성되도록 하며, 인간 사회의 규칙을 이해하고 습득하도록 만든다. 다른 사람과 의사소통할 때 지켜야 할 태도, 예절, 어법 등을 익히게 되며, 이를 통하여 대인관계 기술을 파악하여 인간관계망을 확대하게 되는 것이다.

셋째, 사람은 언어를 통해 문화, 의식 등을 다음 세대나 다른 사회로 전달할 수 있기 때문에 중요하다. 인간이 언어를 가지기 이전 시대의 문화, 사회의 모습, 의식 등은 남아있지 않다. 그 이유는 언어를 가지지 못해서이다. 언어를 가지지 못했기 때문에 다음 세대에 전달하지 못하였으며, 결국 사라지게 된 것이다.

이처럼 한 시대의 정신, 문화, 의식 등을 전달할 수 있는 가장 효과적인 방법은 말, 글과 같은 방법이며, 인간이 언어를 소요하게 되면서 끊임없이 생각을 하고, 무엇인가를 학습하며, 세상을 창조하게 되었다. 즉, 언어를 통해 인간은 인지적으로 더욱 똑똑해지고, 진화하게 된 것이다.

(2) 다문화가족 아동의 언어능력 수준

다문화가족 아동의 언어능력 수준은 전반적으로 또래 연령의 발달 수준과 비교했을 때 낮은 수준이라고 볼 수 있는데(정은희, 2004; 홍영숙, 2007), 다문화가족 아동의 언어능력은 결혼이주여성인 어머니의 한국어 수준과 밀접한 관련이 있는 것으로 나타났다(김갑성, 2005). 보건복지부(2005)에서 실시한 『국제결혼 이주여성 실태조사 및 보건·복지 지원정책 방안』의 결과에 따르면, 결혼이주여성의 가장 큰 애로 사항은 시부모, 자녀와의 의사소통의 어려움이라고 응답했으며, 한국어 수준에 대한 평가에서는 대부분 발음과 어휘력이 능숙하지 못하고, 일상생활에서 필요한 의사소통을 제한적으로 사용하는 수준인 것으로 나타났다.

이러한 어머니의 한국어 수준은 자녀의 언어습득과 상당한 관련이 있는 것으로 나타났다. 즉, 다문화가족 아동들은 학령기에 접어들게 되면 의사소통을 하거나 대화를 나누는 데에는 문제가 없으나 국어과목 성적이 취약한 것으로 나타났다(오성배, 2005). 특히, 쓰기와 읽기 영역에서 어려움을 겪거나 문장 이해력이 떨어지거나 작문에서 문장 형식이나 맞춤법이 맞지 않는 경우가 많았다. 즉, 일상적인 대화나 말하기, 듣기 등은 무리 없이 할 수 있으나 언어체계가 제대로 형성되지 않아 작문, 독해 등의 심화 능력이 떨어지는 것으로 볼 수 있다.

학년이 올라갈수록 미숙한 언어능력과 혼재된 언어체계는 학습부진으로 이어지게 된다(김갑성, 2005). 저학년에서는 어느 정도 학교 학습을 이해할 수 있었지만, 교과가 많아지고 내용이 복잡해지면서 부족한 독해 능력으로는 교육과정을 따라가지 못하게 되면서 점점 학습부진과 결손이 드러나게 되는 것이다.

청소년기에 도달하게 되면, 다문화가족 자녀들은 정체감 혼란이 심각한 수준에 도달하면서 자신의 학습부진과 외모가 외국인인 어머니 때문이라고 생각하면서 어머니를 무능력하다고 인식하게 되고, 어머니와의 갈등을 겪게 된다.

결국, 다문화가족 아동이 겪게 되는 언어의 문제는 단순히 의사소통의 부재를 넘어서서 학습능력의 부진, 인지발달의 지체와도 연결되어 있으며, 성장할수록 문제는 더욱 심각해져 사회성 및 가족관계에도 영향을 미치는 것으로 나타났다.

참고 자료

다문화가족 아동의 언어 결손과 뇌

국제화가 빠르게 진행됨에 따라 우리나라의 다문화가정이 급속도로 늘어나고 있다. 그런데 안타깝게도 최근 보건복지부의 자료들을 살펴보면, 우리나라에서 거주하는 다문화가정의 자녀들이 한국인 부모의 자녀들에 비해 언어지체, 언어지연 등을 보이는 비율이 높으며, 평균 2.5년 정도 언어적으로 지체되어 있다고 한다. 무엇이 문제일까?

우리나라 다문화가족의 경우 어머니가 동남아시아를 비롯하여 외국 국적을 가진 가정이 대부분인데, 한국으로 이주해서 살면서 한국어를 습득하지 못하고 때로는 향수병 등으로 우울증을 겪는 경우가 많다고 한다. 때로는 미숙한 한국어실력이 부끄러워 말수가 더욱 없어지게 되는 경우도 있다. 그렇게 되면 자녀에게 언어적 환경이 되는 엄마와의 대화가 거의 없게 되며, 결국 자녀의 언어 결손으로 이어지게 된다. 이러한 기제는 무엇일까?

인간의 뇌에는 거울 신경 세포(mirror neuron)라는 것이 있다. 거울 신경 세포는 동물이 눈에 보이는 대상이 움직일 때 그것을 바라볼 때 활성화가 되는 뇌세포의 이름이다. 거울 신경 세포는 우리의 뇌 속에 있는 거울과 같은 작용을 한다. 즉, 우리가 거울을 바라보면서 움직이면 거울 속에 비친 내 모습이 똑같이 움직이듯이 우리가 다른 사람의 행동을 관찰하면 그 사람의 행동이 나의 머릿속의 거울 신경 세포에서 관찰하고 있는 사람의 행동을 똑같이 따라 하고 있는 것이다.

거울 신경 세포는 대뇌피질 중 세 군데에 있다. 전두엽에 있는 운동피질 아래쪽, 두정엽의 아래 부분, 측두엽의 앞쪽에 자리 잡고 있다. 우리가 사람이 말하거나 행동하는 것을 바라볼 때 이 세 군데의 거울 신경 세포는 마구 활성화가 되면서 관찰하고 있는 대상을 똑같이 따라 하고 있는 것이다.

그렇다면, 어떻게 거울 신경 세포가 아이의 언어발달과 관련이 있을까? 부모가 아이에게 처음 '엄마, 아빠'를 가르칠 때부터 거울 신경 세포가 움직이게 된다. 아기를 바라보면서 '엄마! 아빠!'를 말할 때 아기는 엄마, 아빠의 입모양과 입모양에 따라 나오는 소리를 짝짓기를 거울 신경 세포를 통해서 익히게 되는 것이다. 어느 순간 거울 신경 세포의 시냅스가 형성되면서 아기는 '엄마, 아빠'라는 단어의 소리와 입모양을 익히게 되고, 다른 어휘들도 이런 식으로 익히게 되면서 점차 언어능력이 발달하게 되는 것이다.

뇌에 거울 신경 세포가 있다는 사실을 통해서 자녀의 언어발달에 필요한 것이 더욱 분명해진다. 자녀의 거울 신경 세포가 활성화될 수 있도록 부모는 자녀를 바라보면서 되도록 많은 단어의 입모양을 보여주고, 들려주면서 자녀가 자연스럽게 언어를 학습할 수 있는 언어학습의 환경이 된다. 엄마, 아빠가 자녀의 거울 신경 세포에 얼마나 자주 많은 언어를 비춰주는가에 따라 자녀의 언어능력이 좌우될 수 있다. 그와 반대로 부모가 자녀에게 모국어를 들려주고 반응해 주는 기회가 거의 없다면, 거울신경세포를 통해서 입력되는 자극이 없게 되면서 자녀는 모국어를 배울 수 있는 기회가 박탈되는 것이다. 바로 다문화가족 자녀의 언어 결손이 바로 그러한 예라고 말할 수 있다.

2) 정서

다문화가족의 자녀들은 성장하는 동안 정서적인 문제를 겪는 것으로 보고되고 있다(교육과학기술부, 2011). 다문화가정의 아동들이 유치원이나 학교에 입학하게 되면서 나타나는 외현적 특징으로 지나치게 소극적으로 보이고 위축되어 있거나 그와 반대로 폭력적이고 공격적이며 과잉행동장애를 보이기도 하면서 정서장애나 심리적인 문제로 간주될만한 여러 행동과 특징들이 나타난다고 한다(강나윤, 2012).

특히, 다문화가족 아동의 심리적 문제 중 정서적 측면에 해당하는 요인으로 아동의 우울과 불안을 들 수 있으며, 그 정도가 심각한 수준이라고 한다(김경자, 2008; 오성배, 2005).

(1) 우울

다문화가족 아동이 겪는 우울의 원인에 대하여 보울비(Bowby)의 애착 이론에 근거하여 설명하는 것이 가장 설득적인 것으로 볼 수 있다. 가족과의 애착관계에 관련되어 있는 애착 이론은 주로 자녀와 애착 관계를 형성하는 부모가 역기능적인 관계를 형성하면, 아동이 성장한 이후의 삶에 상당히 부정적인 영향을 미친다는 점에 초점을 두고 있다(정옥분, 2008).

애착은 주 양육자인 어머니와 자녀 사이에 형성되는 정서적 유대감을 의미하며, 출생 후 3년까지 애착관계 형성의 결정적 시기를 맞이하게 된다. 애착 형성의 결정적 시기에 어머니와 자녀가 어떤 애착관계를 형성했는가에 따라 이후의 인간관계뿐만 아니라 정서발달에도 중요한 영향을 미친다. 특히, 어머니의 정서는 자녀의 정서발달에 직접적으로 영향을 주는 것으로 나타났다(정옥분, 2008). 확고하고도 안정적인 애착관계를 수립하는 방법은 주 양육자가 자녀에게 얼마나 안전감과 신뢰감을 주느냐, 자녀가 불편감을 느끼거나 고통을 받을 때 얼마나 안락하게 돌보아 주는가에 달려있다. 그와 반대로 주 양육자와 자녀의 접근 가능성이 매우 낮고, 정서적 지원과 지지가 결핍되면 불안정한 애착 관계가 형성되고, 자녀의 이후의 삶에서 적응의 문제를 겪게 될 가능성이 높아진다.

다문화가정에서도 이러한 결과가 그대로 나타났다. 결혼이주여성인 어머니가 한국의 언어와 문화적응의 스트레스 속에서 자녀를 양육하게 되면서 우울을 경험하게 되고, 이러한 정서 상태는 자녀 양육 시에도 그대로 노출되면서 자녀의 정서에 영향을 미치는 것이다(노선덕, 2013). 게다가 결혼이주여성의 모국어 사용에 대한 암묵적 금기로 인해 서툰 한국어를 하지 않으면서 어머니와 자녀의 대화와 의사소통의 결핍이 다문화가족 아동의 우울을 더욱 가중시킬 수 있다.

이와 같이 다문화가족의 자녀들은 주 양육자와의 상호작용에서 역기능적인 관계가 형성되면서 어린 시기부터 우울을 경험하게 되고, 이는 이후에 우울증으로 심화될 위험에 놓여있는 것이다.

(2) 불안

두 번째의 정서적 문제는 불안이다. 불안은 개인의 정서 상태를 나타내는 한 요소로서 근심, 걱정, 염려, 두려움, 공포 등의 감정과 관련되어 있다. 아동의 불안에 대해서는 다양한 이론적 관점에서 언급되고 있다. 즉, 유전의 영향이나 불안에 민감한 기질 등으로 불안의 원인을 설명하는 생물학적 관점도 있으며, 어린 시절의 성장 배경, 성장하면서 생활 속에서 겪게 되는 누가적인 긴장, 죽음, 이별 등으로 인한 유의미한 대상의 상실, 의미 있는 생활 변화 등으로 불안을 설명하는 환경론적 관점도 있다. 또한, 자신의 말에서 느끼는 불안감으로 인해 불안이 상승할 수 있으며, 잘못된 신념, 제지되는 감정, 근육 긴장, 자기주장과 자기표현의 부족 등이 불안을 야기한다고 설명하는 사회심리학적 관점도 있다.

다문화가정의 자녀들이 경험하는 불안은 생태학적 관점의 설명이 타당한 것으로 보인다. 생태학적 관점은 한 개인의 삶은 주변 환경과 타인들과 상호작용하면서 그 영향을 미치는 것으로 보는 것이다. 생태학적 관점에서 불안을 설명하면, 한 개인이 불안을 느끼게 되면 자신뿐만 아니라 주위의 다른 사람들에게도 영향을 미치게 된다는 것이다. 즉, 불안 진단을 받은 부모의 자녀는 정상적인 부모의 자녀 보다 더 불안해하며 두려워하고 걱정을 많이 한다는 것이다.

우리나라 다문화가족의 경우, 결혼이주여성은 결혼과 동시에 자신의 문화와 전혀 다른 이질적인 문화인 한국으로 이주해 오면서 문화적응 스트레스를 겪게 된다. 즉, 자국 문화와 전혀 다른 타 문화에 적응하는 과정에서 발생하는 긴장감이나 스트레스를 경험하는 과정에서 차별, 언어적 어려움, 재정적 자원의 부족, 소외감 등을 느끼게 된다(Hovey & Magana, 2000). 문화적응 스트레스가 높을수록 높은 우울과 불안을 느끼게 되므로, 우리나라에 이주해 온 결혼이주여성인 어머니가 적응의 과정에서 심리적 스트레스를 심해지면서 우울과 불안을 경험하고, 이것이 그대로 자녀를 양육하고 상호작용하는데 영향을 미치게 된다.

이에 더하여 한 개인의 정서는 유의미한 타인과 주변의 인물들에게 전염되는 파급력이 있으므로(Goleman, 1995) 어머니의 우울감과 불안감의 정서가 자녀에게 전달되고 학습된다고 볼 수 있다.

그밖에 다문화가족의 자녀들은 또래와의 상호작용을 하게 되면서 자신의 언어 능력이 또래에 비해서 미숙하며, 외모도 이질적이라는 것을 자각하게 된다. 이러한 자각은 다문화가족 자녀들이 자신의 정체감에 대하여 혼란을 느끼게 만들며, 정서적으로도 불안해지는 증상을 유발시키기도 한다. 특히, 사춘기에 접어들면서 발달 특성상 정서적으로 민감해지는데, 정체감의 혼란이 가중되고, 심리적 위축감과 자아존중감의 상실 등이 나타날 수 있으며, 부정적 정서를 빈번하게 경험하면서 정서발달에도 좋지 않은 결과를 초래하여 비행, 일탈행동, 은둔형 외톨이 등의 청소년 문제로 이어질 가능성도 있다.

다문화가정 청소년을 대상으로 국가청소년위원회(2006)에서 실시한 조사에 따르면, 다문화가정 청소년들의 30%는 학교를 그만두고 싶다고 심각하게 생각하고 있으며, 그 이유에 대해서 '차별과 불공평 때문에', '놀림 받기 싫어서', '선생님과 아이들이 싫어서'라고 응답하였다. 아동기부터 경험한 다문화가족 자녀들의 우울과 불안은 결국 학교 중도 탈락과 사회 문제로 불거질 가능성을 시사하는 것이다.

3) 교우 관계

발달의 과정을 살펴볼 때, 인간은 성장하면서 가족, 특히 어머니에서 점차 친구, 교사, 이웃으로 관계의 대상이 확대되어가며, 그 관계의 질도 달라진다(정옥분, 2008). 특히, 아동기에는 주요한 인간관계의 대상이 가정의 구성원에서 친구, 또래로 변화되어 간다. 아동기에 형성되는 또래와의 교우 관계는 단순히 인간관계의 확장뿐만 아니라 또래를 통해 아동이 자신에 대한 이해와 사회에 대한 이해를 새롭게 인식할 수 있는 기회가 되면서 동시에 자기중심적인 사고로부터 벗어날 수 있는 계기가 되므로 인생의 발달단계에서 매우 중요한 시기라고 볼 수 있다.

그러나 다문화가족의 자녀들은 매우 어린 시기부터 이질적인 외모와 사회의 편견으로 인해 또래로부터 거부나 거절의 경험을 빈번하게 하게 되며, 학령기가 되면 거부나 거절이 차별과 따돌림으로 심화되기도 한다. 교육인적자원부(2006)의 조사에 따르면, 법률적, 경제적, 사회적 기반이 취약한 국제결혼가정의 다문화가족 자녀들 중 상당수가 집단 따돌림에 쉽게 노출된다고 하며, 이로 인해 정서적인 충격으로 인해 정신건강에 문제를 겪기도 한다는 것이다.

또래가 가장 의미 있는 타인이 되는 아동기와 청소년기에 친밀한 교우관계를 형성할 기회가 박탈되면서 다문화가족 아동과 청소년들은 여러 가지 문제를 겪게 된다.

첫째는 외현화된 문제행동이 발생한다는 것이다. 또래로부터 거부, 거절의 경험으로 인해 심리적인 충격과 내면의 상처가 남아있게 되는데, 이것이 사회적으로 용인되지 못하는 문제행동 즉, 일탈, 비행 행동으로 드러나게 된다.

때로는 정반대로 불안, 우울 등이 점차 심화되면서 사회적으로 격리되거나 스스로 고립하는 행동을 보이기도 한다. 어릴 때부터 경험한 차별과 편견으로 인해 낮은 자존감이 형성되고(김갑성, 2005), 이후에는 정체성 확립에도 문제가 생기면서 어느 집단에도 어울리지 못하고 외톨이 삶을 살게 되는 것이다. 특히, 청소년기와 같이 불완전하고 예민한 발달적 특성을 보이는 시기에는 자살 등의 극단적인 행동을 보이기도 한다.

둘째는 공격적이고 갈등수준이 높고 적대적이고 과활동적이며 충동적인 특성을 나타낼 수 있다는 문제도 있다. 상당수의 다문화가정 자녀들은 부모의 낮은 경제적, 사회적 지위와 가정의 문화적 특징으로 인해 나타나는 언어 문제와 학습 결손 등으로 학교에서 지나치게 소극적이고 위축된 모습을 보이기도 하지만, 정반대로 폭력적인 행동 또는 과잉행동장애 등의 정서 문제를 나타내기도 한다(여성결혼이민자 가족의 사회통합 지원 대책, 2006). 매우 어린 시기부터 경험한 사회적 편견과 차별 등에 대한 분노가 축적되면서 작은 단서에도 격렬한 감정 반응이 표출되기도 하고, 타인에게 과장된 행동을 보이면서 위축된 감정을 숨기려는 경향성을 보인다고 할 수 있다.

셋째, 부정적 정서를 잘 조절하지 못하고, 사회적 이해능력이 낮아서 또래와의 관계 형성에서 문제행동을 보인다. 즉, 작은 단서나 자극에도 쉽게 예민해지거나 화, 짜증 등의 부정적인 정서를 상황에 따라 적절하게 통제, 조절하지 못하는 모습을 보인다는 것이다(조혜영, 2007). 또한, 다문화가정의 문화적 특성으로 인해 언어 지체와 문화와 교육방식의 차이 등의 영향으로 인간관계를 형성하고 유지하는데 필요한 사회적 기술을 습득하지 못하였을 뿐만 아니라 다른 사람이 보이는 언어적, 비언어적 행동을 읽고 해석하는 사회적 이해 능력이 발달하지 못하여 또래가 드러내는 정상적이고 일반적인 행동을 적대적으로 해석하기도 한다. 또래와 다툼이나 갈등이 발생하였을 경우에도 자신이 겪는 사회적 어려움을 타인의 탓으로 돌리면서 화난 감정을 적절하게 통제하고 관리하는 것이 아니라 그대로 표출하는 경향을 보이기도 한다(장휘숙, 2001)

넷째, 다문화가족 아동이 내면화된 행동 문제는 심리적 위축의 문제로 나타난다. 차별과 편견으로 인해 축적된 분노와 슬픔이 외현적으로 드러낼 경우에는 공격적인 행동으로 나타나지만, 겉으로 드러내지 못한 상태로 축적된 감정이 장기적으로 유지될 경우, 내면적인 문제 즉, 심리적인 질환으로 이어질 가능성도 있다.

다섯째, 다문화가족 아동이 보이는 교우관계 및 사회적 관계에서의 문제는 수동적이고 사회적으로 서투르며 정서를 잘 조절하지 못한다는 것이다. 어릴 때부터 자신이 또래들과 외모가 다르다는 것을 인지하게 되면서 정체감 혼란을 겪게 되고, 자신감이 낮아지면서 다른 사람에게 자신의 생각과 감정을 표현하는 것에 수동적이고 소극적인 모습을 보이기도 한다. 또한, 언어 지체로 인해 대인관계 기술을 습득하지 못하여 사회적으로 적응적인 행동을 하는 것에 매우 서투르고 적절한 정서 표현과 정서 조절을 하는데 어려움을 보인다.

여섯째, 다문화가정 아동들은 도전적 문제에 직면하였을 때 당황하고 위축되는 모습을 보인다는 문제를 가지고 있다. 심리적 위축감과 낮은 자존감, 자신감 상실 등은 아동은 자신이 무능하고 무력하다고 생각하기 때문에 적극적으로 문제를 해결해야 하는 상황에 대처하지 못하는 모습을 보인다.

일곱째, 다문화가정 아동이 교우관계에서 나타내는 문제로 자주 외로움을 느끼고 친구들이 자신을 싫어한다고 생각한다는 것이다(장휘숙, 2001). 사회적 기술을 습득하지 못한 경우에 다문화가정 아동들은 또래가 보이는 일반적이고 정상적인 말과 행동에 공격적으로 반응하고 부정적인 상호작용을 하게 되면서 또래로부터 멀어지게 된다. 이러한 상황에서 다문화가정 아동은 자신의 미숙함보다는 친구들이 자신을 미워하고 싫어한다는 원망을 갖게 되면서 원만한 상호작용을 할 수 있는 기회도 감소하게 되는 것이다(이영자 외, 2000).

여덟째, 다문화가정 아동들은 비웃음의 대상이 되거나 타인의 공격을 받을까 불안해 한다는 것이다. 다문화가정 아동은 사회적 편견과 차별을 경험하면서 자신의 언어 사용의 미숙함과 이질적 외모가 다른 사람들에게 비웃음의 대상이 되거나 공격을 받을까 두려워하고 불안감을 갖고 있어서 원만한 사회적 관계를 맺는데 어려움을 겪게 된다. 다문화가정 자녀들은 어릴 때부터 피부색이 다르다거나 말을 더듬고 발음이 정확하지 않다는 지적과 시선을 경험하게 되면서 이러한 위축감이 형성된 것이다(홍영숙, 2007).

아홉째, 내면화된 문제를 가지고 있는 다문화가정 아동들의 경우, 부적절하고 복종적 태도를 나타내며 집단따돌림의 위험을 증가시킨다는 것이다. 편견과 차별로 인해 부정적인 감정을 지속적으로 느낀 다문화가정 아동들은 또래로부터 격리되지 않기 위해서 자의적으로 복종적인 행동과 태도를 보이기도 하는데, 오히려 이러한 부적절한 행동이 집단따돌림을 가중시키게 되기도 한다(최성보, 2011).

우리나라에서는 다문화가정이라는 것 자체가 대인관계를 형성하는데 있어서 여러 가지 제한점과 한계가 있다. 다문화가정에 대한 사회적 편견과 인식, 차별적 대우로 인해 다문화가정의 자녀들은 대인관계형성과 사회성 발달에 필요한 사회적 기술을 습득하고 연습해 볼 수 있는 기회를 박탈당하는 경우도 빈번하다. 다문화가정의 자녀가 사회 구성원으로서 적응적이고 건강한 삶을 영위할 수 있도록 다양한 사회적 관계를 맺을 수 있는 지역사회내의 사회적 지지망을 구축하고 실천하고자 하는 공동의 노력이 반드시 필요하다.

참고 자료

다문화가족을 위한 언어지원 프로그램 소개

다문화가족의 자녀들은 무엇보다 한국어 습득의 어려움으로 인하여 이후에 사회생활과 학교에서의 적응에 부정적인 영향을 받게 됩니다. 무엇보다 인간은 언어를 통해서 성장하고 인지가 발달할 수 있기 때문입니다. 이러한 다문화가족 자녀들의 언어지도와 이중언어의 문제로 고민하고 있는 아동을 위하여 다양한 언어지원 프로그램 및 이중언어에 대한 이해를 갖추어 지원을 하고 있는 기관을 소개하고자 합니다. 바로 세이브더칠드런의 다문화가족의 언어지원사업입니다. 사이트에 들어가셔서 다문화가족을 위한 언어적 지원과 프로그램에 대하여 살펴봄으로써 다문화가족을 위한 언어적 도움을 제공하는데 도움을 주시기를 바랍니다.

다문화가족을 위한 언어지원사이트: 세이브더칠드런(주소: http:// www.sc.or.kr)의 다문화가족 지원사업 및 이중언어 지도 교육 프로그램을 참고하세요.

3. 다문화가족 아동에 대한 주요 상담방법

무엇보다 우리나라의 다문화가정 아동을 대상으로 다문화상담의 핵심적인 목표는 다문화가정의 자녀가 자신을 수용하고 이해하는 인식을 갖게 하고, 정체감, 자아존중감을 형성하여 이후의 건강한 삶을 살아가는데 필요한 심리적인 기반을 갖추도록 도와주는 것이라고 할 수 있다.

그러면서도 다문화가정의 아동이 한국의 문화적 특성에 대해서 이질감을 느끼지 않고 자연스러운 자문화로 인식하면서 학교, 사회에서

적응적인 삶을 살도록 도움을 주어야 하기 때문에 결핍되거나 결손된 영역에 대해서만 집중적으로 다루거나 어느 한쪽에 치우친 상담보다는 인지, 정서, 행동의 발달 영역 모두를 다루는 상담을 하는 것이 효과적이라고 볼 수 있다.

다문화가정의 아동이 보이는 심리적 문제는 대부분 문화가 다른 부모님이 가족을 구성하고 살아가면서 부딪히는 이중문화로부터 출발하기 때문에 한국의 문화적 이해와 더불어 결혼이주여성인 어머니의 문화적 특성에 대한 이해가 필요하다고 할 수 있다. 이중문화를 가진 가정에서 발생할 수 있는 다양한 갈등을 이해함으로써 상담자는 다문화가정의 자녀의 심리적인 어려움을 유추할 수 있으며, 이로 인해 발생하게 되는 다문화가정 자녀의 문제행동에 도움이 될 수 있는 상담적 노력을 기울일 수 있다.

다문화가족 아동을 대상으로 상담을 실시할 때 주의해야 할 내용과 일반적으로 수행하는 상담의 단계별 특징에 대하여 설명하도록 하겠다.

1) 1단계: 초기 탐색의 단계

> 언어적인 문제로 상담의 어려움을 느낄 수 있는 다문화가정 아동이 거부감 없이 이질적인 문화를 가진 것으로 보이는 상담자를 탐색해 보는 단계

다문화가정의 아동이 아니더라도 내담자가 상담실에 처음 찾아와서 상담자와 내담자가 대면하게 되면, 상담자와 내담자의 마음속에서는 다른 심리적 에너지가 가득 차게 되는 것이 일반적인 현상이다. 즉, 상담자는 내담자가 가지고 있는 심리적 문제와 어려움에 대하여

도움을 주고 해결해 나가고자 하는 욕구를 느끼게 되며, 내담자는 자신이 만나게 된 상담자에 대하여 의심과 기대의 양가 감정을 느끼게 되는 복잡한 심리적 상황이 발생하게 된다.

이 때, 상담자는 일방적으로 내담자를 탐색하기 보다는 내담자도 상담자가 어떤 사람인지에 대하여 탐색할 수 있는 권한을 주는 것이 좋다. 이러한 과정을 거치면서 내담자는 상담자에 대한 의심의 마음을 거두게 되고, 인간 대 인간으로서 관심을 가지게 된다. 상담자와 내담자가 서로 탐색하는 과정을 거친 후에 내담자는 내담자가 가지고 있는 심리적 문제를 해결하는데 상담자가 조력하고 도움을 줄 수 있을 것이라고 신뢰하게 되는 라포가 형성될 수 있는 것이다.

다문화가정 아동을 대상으로 상담을 수행할 경우 초기 탐색의 단계가 더욱 필요하다. 많은 다문화가정 아동은 언어적인 문제로 인해 자신의 생각과 감정을 표현하고 상담을 진행하는데 어려움을 느낄 수 있다. 초기 탐색의 단계를 통하여 다문화가정 아동은 상담자에 대하여 인간적인 관심을 가지면서 상담에 대한 거부감, 두려움, 불안 등을 극복할 수 있고, 다문화가정 아동이 가진 문화와 다른 문화를 가진 상담자와 상담자 문화에 대한 불신임 등도 사라지게 되면서 자연스럽게 라포가 형성될 수 있다.

초기 탐색의 단계에서 상담자는 내담자인 다문화가정 아동에게 자기소개를 하고, 번갈아 가면서 질문과 대답을 이어가면서 관심을 표명하도록 한다.

2) 2단계

> 라포 형성의 단계로서 상담자와 다른 문화를 가진 다문화가정 아동을 특성을 이해하고 수용하면서 평가, 해석, 이해하는 단계

상담자와 내담자가 인간적인 관심을 갖게 된 후 상담자와 내담자 사이의 라포를 형성하는 과정은 필수적인 단계이다. 다문화가정의 아동을 대상으로 상담을 진행할 경우, 일반적인 아동을 대상으로 진행하는 상담 과정에 비해서 다문화가정 아동의 문화적 특성과 속성을 이해하는 것이 필요하며, 이러한 문화적 특성과 속성을 기반하여 라포를 형성해야 한다.

상담자와 내담자의 라포 형성을 위해서 상담자는 내담자가 보이는 반응 패턴, 언어적, 비언어적인 행동 등을 인식하고 간파하는 것이 필요하다. 다문화가정 아동이 보이는 눈맞춤, 제스츄어, 태도 등을 관찰하면서 심리적 불안으로 인하여 보이는 반응인지, 문화적 특성으로 인해 나타나는 반응인지를 구별하는 노력도 수반해야 한다.

이러한 과정을 진행하면서 내담자인 다문화가정의 아동의 언어적, 비언어적인 반응 패턴을 분석하고, 이러한 분석을 토대로 문화적 특성과 속성, 아동의 심리적 상태와 문제 등에 대해서 객관적인 평가와 해석을 할 수 있도록 해야 한다.

다문화가족 아동의 반응 패턴에 대하여 평가와 해석하고 있을 때 상담자는 내담자의 문화와 내담자를 비로소 이해하게 되고, 상담자와 내담자는 서로 '우리' 라는 심리적 울타리를 형성할 수 있다.

3) 3단계

다문화가정 아동이 이질적인 문화 속에서 경험했을 심리적 상처와 문제를 총체적으로 이해하고, 상담의 구체적인 목표와 전략을 설정하는 단계

상담자와 내담자 간의 라포가 형성된 후에 상담자는 내담자의 심리적인 상처와 문제를 총체적으로 이해하도록 해야 한다. 특히, 상담자

는 내담자인 다문화가정의 아동들은 주류 문화인 한국의 문화와 이질적인 자신의 가정과 자신의 문화적 상황 속에서 내담자의 인간관계, 행동, 사고, 정서 등을 해석하고, 이로 인해 발생했을 곤란함과 내담자가 겪었을 문제를 탐색하도록 한다.

이러한 과정을 거쳐 다문화가정 아동의 문제를 파악하게 되면, 상담 회기, 상담 시간 등을 결정하고, 상담기간 내에 이를 수 있는 장기 또는 단기에 걸친 상담의 목표와 전략을 자연스럽게 설정하도록 한다.

4) 4단계

다문화가정 아동이 자신의 심리적인 문제와 상처를 극복하고, 자국의 문화를 자신의 문화로 인정하고 수용하도록 돕는 단계

다문화가정의 구성원 중 아동을 대상으로 상담을 진행할 경우, 아동이 가지고 있는 심리적인 문제와 상처를 자연스럽게 극복하는 동시에 자신이 살아가야 할 사회의 문화를 자신의 문화로서 인정하고 받아들이는 과정이 필요하다.

상담자는 다문화가정 아동이 아무리 어린 내담자라고 할지라도 자신이 살아온 문화와 이질적인 문화에서 갈등과 고난을 경험할 수 있으며, 우리나라에서 건강하고 적응적으로 살아가기 위한 노력을 수행할 수 있다는 점을 인식해야 한다.

상담자는 다문화가정 아동이 문화적 갈등과 심리적 상처를 극복하고 건강하게 살아가기 위한 노력의 과정에 대하여 격려하고 지지함으로써 상담자가 다문화가정 아동의 심리적인 지원자에 대한 믿음을 형성하고 유지할 수 있도록 해야 한다.

다문화아동가족상담 연습

몇 해 전에 다문화가족 아동을 위한 대안학교가 서울시 교육청의 인가를 받아 개교하게 되었습니다. 지구촌학교(http://www.globalsarang.com)는 다문화가족의 자녀들 중 특히 학교에서의 적응문제로 인해 중도탈락한 학생들을 대상으로 무상교육과 더불어 심리적인 상처를 보듬어주고, 인지적인 결핍을 보완하여 적응적인 성장을 돕는데 목적이 있습니다.

다문화가족 아동을 대상으로 상담을 수행하기 위해서는 무엇보다 상담자와 다른 문화를 경험하는 내담자 특히, 어린 아동의 마음을 이해하고 공감하는 과정이 필요합니다. 그래야만 내담자의 문화를 진정으로 이해할 수 있는 상담자가 될 수 있습니다. 다음의 다문화가족의 아동 상담 사례를 읽어보고, 아동의 입장에서 이해하고 공감하는 연습을 해보도록 합시다.

1. 다음은 다문화가족의 아동 상담 사례의 내용입니다.

> 나의 어머니는 베트남인입니다. 어머니는 아버지와 결혼하여 한국에서 살게 되었고, 저를 낳으셨습니다. 그런데, 어머니는 한국어를 잘 못 하십니다. 아버지는 돈을 벌러 나가셔서 늦게 오십니다. 어머니는 말씀을 잘 안 하십니다.
> 밖에 나가 놀면 동네 아이들은 저보고 자꾸 너희 나라로 가라고 합니다. 저는 여기가 우리나라인데, 자꾸 가라고 합니다. 그리고 저는 말을 잘 못하는데, 말을 못 배웠기 때문입니다. 그래서 아이들이 놀릴까봐 말을 안합니다.

■ 위의 다문화가족 아동의 입장이라면 어떤 심정일까요? 다문화가족 아동의 입장이 되어 느끼는 감정과 기분을 다문화가족 아동의 언어로서 표현해보도록 합시다. 즉, 현재 한국어를 사용하는 데에 미숙한 다문화가족 아동이라고 생각하고 어떤 감정과 기분이 드는지 적어보도록 합시다.

■ 초기 탐색의 단계에서 위의 다문화가족 아동에게 상담자로서 자신에 대한 소개를 해본다면 어떤 말로 표현할지 적어보도록 합시다.

◐ 주요 핵심내용 정리 ◑

1. 다문화가족 아동의 의미와 특징

- 한국인과 외국인과의 국제결혼으로 인해 형성된 가정, 이주노동자가 한국에서 결혼하여 형성된 가정인 다문화가족 사이에서 태어난 자녀를 의미하는데, 다문화 가정에서 태어난 자녀들은 출생과 동시에 한국 국적을 가지고 있는 한국인으로써 교육뿐만 아니라 모든 면에서 내국인과 동일한 권리를 가지고 있지만, 순혈주의를 강조하는 대한민국에서는 이들을 한 민족으로 인정하고 수용하기 보다는 부정적인 태도를 취하고 있습니다.

2. 다문화가족 아동의 문제와 상담영역

- 다문화가족 아동이 겪는 가장 큰 문제는 언어로 인해 나타나는 경우가 많습니다. 다문화가족 아동의 경우 부모가 외국인임으로 인해서 가정에서 습득하는 언어습관에 차이가 있을 수 있습니다.
- 최근 들어 다문화가족 아동이 지나치게 소극적이거나 반대로 폭력성 또는 과잉행동장애를 보이는 등 정서장애가 보고되고 있는데, 다문화가족 아동의 심리적 문제 중 정서적 요인은 우울과 불안이 가장 심각한 요인으로 보고 있습니다.
- 다문화가족의 아동의 경우, 다문화가족 자체가 대인관계 형성의 한계가 있어서 자녀들의 대인관계형성과 발달에 영향을 미칠 수 있으므로 다양한 사회적 관계를 형성할 수 있도록 하는 지역사회내의 사회적 지지망의 형성이 필요합니다.

3. 다문화가족 아동의 상담방법

- 한국의 다문화가족의 아동을 대상으로 다문화상담을 하기 위해서는 무엇보다 다문화가족의 자녀가 자신에 대한 정체감, 자존감을 형성하도록 도와주는 것이 가장 중요합니다. 그러면서도 다문화가족의 아동이 한국에서 적응적인 삶을 살도록 도움을 주어야 하기 때문에 어느 한쪽에 치우친 상담보다는 인지, 정서, 행동에 모두 맞추어서 상담을 하는 것이 효과적입입니다.

4

다문화가족 아동의 문제행동과 상담전략

4장 다문화가족 아동의 문제행동과 상담 전략

생각해보기

우리나라를 비롯한 전 세계적으로 문화적으로 상이한 남녀가 결혼하여 가정을 형성하고 있는 경향이 점차 증가하고 있는 추세입니다. 미국이나 서구 사회의 경우 역사적으로 다문화를 배경으로 한 가정이 사회적 변화와 인식이 형성되면서 증가한 반면, 우리나라의 경우 급격하게 빠른 속도로 다문화가정이 증가하고 있는 추세입니다. 이렇게 빠른 속도로 다문화가정이 증가함에 따라서 나타나는 문제는 과연 무엇이 있을까요? 특히, 다문화가정의 자녀들은 어떤 문제를 겪게 될까요? 다음은 2013년 1월 24일 서울신문에 실린 '교육 마이너리티의 그늘'기사에 실린 내용의 일부입니다. 기사의 내용을 읽고, 다문화가정의 자녀가 겪게 되는 문제를 중심으로 생각해 봅시다.

국내 학교의 교실에는 4만 9000명의 '반쪽' 한국인이 생활하고 있다. 우리나라를 새 터전으로 삼은 다문화 가정과 새터민(탈북자) 학생들이다. 해마다 늘어나는 국내 다문화 · 새터민 아동 · 청소년들은 우리 사회의 '희망'인 동시에 '화약고'다. 아이들이 우리 사회에 잘 적응해 중추적 역할을 하도록 잘 키우기 위해서는 교육이 유일한 해답이다.

23일 오전 10시 서울의 한 다문화 청소년 대안학교. 중학교 2학년인 민아(13 · 가명)양은 보충수업을 하며 교실에서 친구들과 수다를 떤다. 재잘거리며 해맑게 웃는 모습이 영락없는 여중생이다. 하지만 1년 전만 해도 아이의 얼굴에는 웃음기가 없었다. 한국인 아버지와 아프리카 이민자인 어머니 사이에서 태어난 민아는 일반 중학교에 다닐 때 친구들로부터 "깜둥이"라는 폭언과 조롱에 시달렸다. 참다 못한 아이는 칼로 손목 등 온몸을 자해했다. 부모는 아이를 대안학교로 전학시킬 수밖에 없었다.

학교에서 다문화 학생들을 괴롭히는 가장 큰 문제는 다문화 가정을 바라보는 보통 학생들의 왜곡된 시선이다. 철없는 아이들은 자신과 다른 모습을 한 친구를 '잘못된 사람'으로 여기고 차별하고 따돌리는 경우가 많다. 다문화 학생들을 가르쳤던 한 교사는 "중국 출신 엄마를 둔 여학생에게는 '중국년 꺼져'라고 하며 의자를 빼 넘어뜨리고, 몽골 출신 엄마를 둔 아이에게는 '너네 나라에 가서 말이나 타라'며 조롱하고 때리는 등 심각한 일을 겪었다" 면서 "다문화 프로그램을 운영하는 학교 수를 늘리는 등 양적 정책으로 해결될 수 없는 인식의 문제"라고 지적했다.

(출처: 서울신문 2013년 1월 14일자 2면)

1. 다문화가족 아동을 위한 상담적 접근

1) 다문화가족 아동상담에서 유의할 점

상담의 핵심적 개념은 상담자와 내담자의 만남이며 내담자의 문제해결을 위해 협동하는 양자 간의 대화라는 것이다(김계현, 2001). 다문화 상담은 이에 더하여 문화가 다른 상담자와 내담자가 만남이며, 두 사람의 만남은 두 문화의 만남으로 볼 수 있다. 그러므로 다문화가족의 아동을 대상으로 한 상담은 문화적 이슈와 아동의 문제가 함께 뒤얽혀 있기도 하고 공존하게 되는 것은 당연한 일일 수 있다(Ward & Kennedy, 1996). 다문화가족의 아동을 내담자로 하는 상담자가 유능한 상담자의 자질을 갖추고 다문화 아동의 문제 해결을 효율적으로 조력하기 위해서는 다음과 같은 점을 유의해야 한다.

첫째, 무엇보다 중요한 것은 상담자가 문화적 이슈로 인해서 발생되는 아동의 문제가 무엇인지, 그러한 문제로 인해 어떤 결과가 초래되며, 다문화가족에는 어떤 영향이 나타나는지를 정확하게 파악하는 것이다. 이러한 다문화가족 상담의 과정 중에서 내담자는 자신이 가지고 있는 문제를 해결하기 위해서 상담자에게 도움을 요청하게 되는데, 상담의 대상이 아동일 경우 자신의 심리적 상태에 대하여 정확하게 성찰하고 표현하고 문제를 해결하는 능력이 떨어지기 때문에 상담자에게 전적으로 의지하게 마련이다.

게다가 상담자가 속해있는 문화적 배경은 주류 사회의 문화라는 점과 내담자의 문화 범주 내에서는 해결되지 않는 문제가 상담자의 문화 가치 안에서는 문제가 되지 않거나 문제가 되더라도 쉽게 해결될 수 있는 경우가 대부분이라는 점을 상담자는 경각심을 가져야 한다. 즉, 내담자의 문제에 대하여 상담자의 문화 가치와 생활양식의 관점에서 해결 가능하다고 이해해서는 안 된다는 것이다. 문화적 배경이 다른 상담자가 내담자가 만나게 되었을 때 서로에 대한 다름을 느낄 수는 있지만, 차이를 느끼게 되는 경우 상담의 효율성을 떨어뜨리게 되므로 상담자는 내담자와의 문화적 다름을 민감하게 인식하고, 상담자 자신의 문화가 내담자에게 부정적인 영향을 미치지 않도록 노력해야 한다.

둘째, 상담자는 다문화가족 아동이 문화적 차이로 인해서 발생하는 심리적 경험을 수용할 수 있도록 도와야 한다는 것이다(황매향 외, 2012). 다문화 상담 장면에서는 다양한 문화가 존재하게 되지만, 주류 사회의 문화가 아닐 경우 경험하게 되는 갈등과 차별은 공통적이다. 다문화가족의 아동은 자신의 의지와 상관없이 부모 중 한쪽이 외국인이라고 해서 인간적으로 차별을 겪게 되고 모멸감을 느끼게 된다. 그렇다고 해서 이러한 갈등과 차별을 애써 무시하거나 부정한다고 해서 문제가 해결되는 것은 아니다. 내담자가 자신의 문제를 해결하기 위한 첫 번째 단계가 자신의 경험과 자신에 대한 수용(김계현, 2002)이라는 점을 감안할 때 다문화가족 아동은 자신이 겪었던 문화적 차별과 그로 인해 발생한 심리적 상처를 자신의 일부로 수용하고 개방하며 정화하여 건강하고 적응적으로 변화할 수 있도록 상담자는 조력해야 한다.

셋째, 다문화 가족의 아동을 상담할 경우 언어소통의 어려움이 발생할 수 있음을 알고, 이에 대한 대처를 해야 한다. 다문화 가족을 대상으로 한 상담 현장에서는 상담자와 내담자, 통역자가 참석 가능하므로 본격적으로 상담을 실시하기 전에 다문화 가족의 아동의 의사소통 수준에 대하여 파악해야 하며, 의사소통 방식의 차이에 대해서도 숙지해야 한다.

넷째, 다문화 가족의 아동을 대상으로 한 상담은 내담자의 복지와 권리의 문제로 확대될 수 있음을 이해해야 한다. 다문화 가족은 문화적 이슈로 인해 사회적 차별을 겪게 되고, 자신의 가족 내에서도 사회적 편견과 차별을 경험할 가능성도 있다. 그러므로 다문화 가족의 아동을 상담할 경우에는 인권 상담을 전제로 하여 내담자의 심리치료뿐만 아니라 사회복지적 관점을 유지할 필요가 있다. 가령, 다문화가족의 아동이 겪는 경제적 어려움, 정서적 지원 부족, 가정폭력 등에 대하여 면밀히 살펴보는 과정이 필요하다.

2) 다문화가족 아동상담의 이론적 이해

기존의 상담기법의 특징을 구분해 보면, 보편주의적 기법과 상대주의적 기법으로 나누어 볼 수 있다. 보편주의적 기법은 모든 인간, 문화, 사회에서 나타나는 공통적인 부분을 다루는 것을 말한다. 예컨대, 우울증, 정신분열, 성격장애 등은 모든 사회와 문화에서 나타나는 정신 질환으로서 정상과 비정상에 대한 구분은 서구의 개념에서 출발하여 모든 문화에서 동등하게 적용된다고 보고, 이에 대한 치료나 상담의 기법 역시 문화와 상관없이 거의 유사하다고 보는 것이다(Suzuki, Kugler, & Aquiar, 2005).

반면에 상대주의적 기법은 내담자 개별의 특수한 현상, 특수한 문화의 관점을 적용하려는 기법을 다루는 것으로서 보편주의적 기법에 여러 면에서 대치되며 도전하고 있다. 인간에게서 나타나는 일탈 행동의 표출과 결정은 한 내담자의 특수한 문화적 배경, 가치, 생활양식에 의해 영향을 받는다고 가정한다(Moodley & West, 2005). 이러한 입장에서는 정신 장애의 발생, 원인에 대한 임상 지침과 정상, 비정상의 기준들이 주류 문화에 의해 결정되므로 소수 집단에게는 적절하지 않다고 판단하고 있으며, 상담에서 문화 특수적인 전략을 사용해야 한다고 주장하고 있다.

여러 문화가 공존하는 미국에서는 1960년대부터 백인 상담자가 소수 민족 내담자를 상담하는 교차 문화적 상담(Cross-cultural counseling)을 실시하면서 문화적 접근에 대한 다양한 이론적 연구가 수행되어 왔다. 예를 들어, 아시아계 내담자들은 다른 문화적 배경의 내담자들에 비해 자신의 개인적 어려움이나 정서적 문제보다는 교육, 진로 등과 관련한 문제를 심각하게 경험하고 있는 것으로 나타났다(Tracey, Leong, & Gridden, 1986). 이러한 현상은 아시아계 문화의 가치관과 역사적 배경의 영향으로 나타난다고 가정할 수 있다.

다문화 상담은 특정 종류의 상담기법을 가정하거나 근거를 두지 않고 있다. 오늘날 다문화 상담의 전문가들은 양쪽 입장 중 어느 한쪽을 선택하기 보다는 어느 한쪽에 다소 비중을 더 두면서 양쪽을 모두 선택하는 방식을 취하고 있다. 보편주의적 기법과 상대주의적 기법 중 한쪽을 선택하기보다는 내담자가 가지고 있는 문제를 해결하는데 보다 유용한 방법은 무엇이냐가 중요한 판단의 근거가 된다고 보는 것이 타당하다.

상담자가 어떤 관점의 상담 기법을 취하는가를 결정하기에 앞서 다문화가족 아동을 대상으로 상담이 일반 아동을 대상으로 한 상담과 어떻게 다른지에 대해서 먼저 이해하는 것이 필요하다. 상담 기법에 대한 관점의 비중을 결정하기 전에 내담자가 가지고 있는 특성 자체를 이해하는 것이 중요하기 때문이다.

다문화가족의 아동을 대상으로 한 상담과 일반 아동 대상의 상담의 차이점으로는 우선, 다문화 상담의 대상이 부적응 아동뿐만 아니라 모든 아동을 대상으로 한다는 점이다. 다문화 가족의 아동이라면 누구나 차별과 갈등을 경험할 가능성이 있으므로 심리적인 문제가 발생되기 전에 모든 아동을 대상으로 실시하는 것이 바람직하며, 이 때 상담은 치료와 개선보다는 조기 발견과 예방을 목적으로 한다고 볼 수 있다.

또한, 발병된 정신 장애와 심리적 문제에 대한 치료적 관점보다는 발달적 관점으로 접근할 필요가 있다. 문화적 배경이 다르다는 것은 단순히 표면적인 형태에서 상이하다는 것이 아니라 그에 의해 생활양식, 가치관, 세계관 등이 형성되기 때문에 문화적 차별은 한 인간의 정신세계 전체에 대한 붕괴를 초래할 수 있다. 그러므로 문화적 차별과 갈등을 경험하는 다문화가족의 아동을 대상으로 한 상담은 인지, 정서, 사회성 등 전반적인 발달 영역과 관점을 가지고 접근할 필요가 있는 것이다.

다문화 아동을 위한 효과적인 상담방법: 집단상담

다문화가족의 아동을 대상으로 상담을 실시할 경우 효과적인 상담방법으로 집단상담을 들 수 있다. 그 이유는 집단상담의 목표가 다문화 아동의 실제 생활을 중심으로 문제 해결에 초점을 두고 있으며, 내담자의 관심사인 다양한 생활경험을 다룸으로써 다문화가족의 삶을 바람직하고 효율적인 방향으로 이끌어가도록 도와줄 수 있는 효과적인 상담 방법이기 때문이다. 더 나아가 집단상담을 통해 생활상의 적응과 인격적 성장에 도움을 줄 수도 있다. 다문화 아동을 대상으로 한 집단상담의 특징에 대하여 간략하게 소개하면 다음과 같다.

- 집단상담 구성원들의 연령, 모임의 종류, 크기 및 모임의 빈도에 따라 상담시간 의 차이가 있음
- 한 회기의 길이는 참여자들이 상호 의사소통을 할 수 있도록 하는 분위기 조성, 그 회기의 주요 작업 가능 시간, 참여자의 집중 능력에 따라 고려해야 함
- 아동의 경우 20-40분, 청소년의 경우 60-90분 정도가 적당함
- 학교에서 실시할 경우 학교의 수업시간과 일치하는 것이 좋음
- 다문화 아동이 타인과의 친밀감과 같은 공간에서의 신체적 근접성을 경험함으로써 정서적 만족감을 얻을 수 있음
- 대인관계 기술을 시도, 습득하는 기회를 제공할 수 있음
- 집단 상담을 실시하는 동안 상담자는 내담자인 다문화 아동 개개인의 말과 행동에 세심한 관심을 두고 적절히 반응하도록 유의해야 함
- 한 사람의 내담자 아동이 다른 내담자 아동과 집단 전체에 어떤 영향을 주는지 관찰해야 함

2. 다문화가족 아동상담에서의 학교 관련 영역

우리나라 다문화가족의 자녀 현황에 대한 교육과학기술부(2010)의 통계 자료를 살펴보면, 지금까지 30,040명의 자녀가 교육기관에 다니고 있다. 가장 높은 비율을 차지하는 대상은 초등학생으로서 약 79%이지만, 전년도 대비 재학생 증가율을 살펴보면 초등학생은 15%, 중학생은 61%, 고등학생은 44%가 증가한 것으로 나타났다. 즉, 현재 가장 높은 비율을 차지하는 초등학생이 성장하면서 중학교와 고등학교로 진학하는 것을 고려할 때 다문화가족 자녀의 교육 정책과 방안에 대한 대책이 마련이 시급한 실정이라고 말할 수 있다.

1) 다문화가족 아동의 학교생활

학교급별 다문화가족 자녀의 비율이 점차 증가하고 있는 가운데, 지역에 따라 약간의 차이를 보이고 있다(김혜온, 2011). 초등학생의 경우, 도시에는 59.9%, 읍·면 지역 40.1%, 중학생의 경우는 도시 70.0%, 읍·면 지역 37.3%, 고등학생의 경우, 도시에 71.8%, 읍·면 지역 28.2%의 비율을 보이며, 학교급이 증가함에 따라 다문화가족 자녀가 도시의 학교로 몰리는 현상을 보이는 것으로 나타났다.

다문화가족 자녀들은 대한민국의 국적을 가졌음에도 불구하고, 어린 시기부터 학교 생활에서 여러 어려움을 겪으며 성장하게 된다. 특히, 초등학교에 다니는 아동기 동안 심각할 정도의 스트레스를 느낄 정도의 심리적인 고통을 경험하면서 이후 청소년기, 성인기에까지 영향을 미치는 것으로 나타났다(조영달 외, 2006).

국가인권위원회(2003)에서는 다문화가족 아동이 학교에서 겪는 고충에 대하여 대대적인 조사에 착수했는데, 초등학생과 중학생이 모두 동일한 이유로 학교를 다니는 것에 어려움을 토로하고 있었다. 즉, 미숙한 한국어 실력, 한국어로만 진행되는 수업으로 인해서 수업 내용을 이해하기 어렵다는 점이 가장 높은 비율을 나타내고 있었다. 그 외에, 낮은 성적, 집단 따돌림, 구타, 놀림, 교우관계의 문제, 소비 수준에서 오는 소외감의 문제 등의 이유도 나타났다.

<표 4-1> 다문화가족 자녀가 학교에서 겪는 고충

학교에서 겪는 고충	초등학교	중학교
미숙한 한국어	32.3	26.3
한국어로만 수업이 진행되어 따라가기 힘듬	32.3	15.8
낮은 성적	3.2	36.8
따돌림, 놀림, 구타	16.1	5.3
친구 사귀기가 힘듬	6.5	10.5
소비수준의 차이에서 오는 소외감	6.5	-
기타	29.0	15.8

(단위는 %)

교육과학기술부(2010)의 교육통계분석 자료집의 결과를 살펴보면, 다문화가족의 자녀가 미취학, 중도 탈락을 하는 비율은 일반가정 학생들에 비해 높은 편인 것으로 나타났다.

부모가 모두 한국인인 일반 가정의 경우, 자녀가 초등학교에 취학하지 않는 비율은 0.4%에 불과하며, 중학교의 경우는 96%가 취학을 하고, 고등학교의 경우 91.3%가 취학하는 것으로 나타났다. 그러나 다문화가족을 배경으로 하는 자녀를 살펴보았을 때, 미취학, 중도 탈락 등의 비율이 일반가정 자녀에 비해서 상당히 높은 것으로 보이는데, 초등학교의 경우 22배, 중학교의 경우 9.9배, 고등학교의 경우 8배가 높은 것으로 나타났다.

다문화가족 유형별로 나누어 살펴보았을 때, 국제결혼 가정의 자녀는 10명 중 1명꼴로 초등학교에서 미취학, 중도 탈락을 하고 있으며, 중학교에서는 10명 중 2명 정도로 나타나고 있다.

탈북이주민가정의 자녀들의 경우는 더욱 심각한데, 초등학교 취학률이 85.7%, 중학교 취학률은 49.1%, 고등학교 취학률은 6.6%로 취학률 자체가 매우 낮은 것으로 나타났다. 취학했다고 하더라도 중도 탈락률이 초등학교 1.1%, 중학교 16.2%, 고등학교 14.5%로서 심각한 상황이라고 할 수 있다. 이들은 낮은 학교성적, 북한 사투리 등의 언어 등으로 인하여 학교에 적응하지 못하여 중도 탈락을 하게 되고, 검정고시를 준비하거나 탈북이주민 가정 자녀를 대상으로 한 대안학교를 선택하기도 한다.

결국, 다문화가족의 아동과 청소년은 우리나라의 같은 국민임에도 불구하고 교육 장면에서 소외되고, 적응하지 못하는 실정이라고 말할 수 있다.

2) 다문화가족 아동의 교과학습에서의 공통점

다문화가족의 자녀가 학교생활을 시작하면서 겪게 되는 가장 큰 어려움으로 교과학습을 들 수 있다. 교과학습의 결과는 이후 상급학교 진학에도 큰 영향을 미칠 뿐만 아니라 성취감, 자신감, 자아존중감 등의 심리적인 특성과도 관련이 있기 때문에 상당히 중요하다. 그러나 다문화가족 학생들의 교과에서 보이는 학습부진은 심각하다고 볼 수 있다. 예를 들어, 다음 학년으로 진학이 어려울 정도의 낮은 학업성취와 학습능력의 지표가 되는 기초학력 미달의 측면에서 살펴보았을 때, 다문화가족 아동의 경우 100명 중 7.5명으로 100명 중 1.45명의 기초학력 미달의 비율을 보이는 일반 가정에 비해 5배가 많은 것이다(교육과학기술부, 2010).

다문화가족 아동이 건강하고 적응적인 성인으로 성장하는데 필요한 교육정책과 방안 마련을 위해서는 무엇보다 초등학교에서 보이는 교과학습의 공통점을 알아보는 것이 시급하다.

(1) 문자언어 이해의 어려움

일반적으로 다문화가족의 자녀는 출생 시부터 이중 언어에 접하게 된다. 가령, 결혼이주여성이 어머니인 다문화가족의 자녀는 어머니와 한국인 아버지에게서 언어를 습득하게 되는 것이다.

일차 양육자이자 주 양육자인 어머니가 한국어를 사용하지 않거나 한국어 습득을 하지 못하는 경우에는 다문화가족 자녀의 모국어인 한국어 습득이 제대로 이루어지지 않게 된다. 특히, 읍·면 소재지에 거주하는 다문화가족은 대체로 경제적 수준이 낮아 부모가 늦게까지 일을 하는 경우가 많기 때문에 자녀가 어린 시기부터 바람직한 언어 발달의 롤모델이 부재한 상태라고 말할 수 있다. 즉, 모국어 및 언어 발달이 이루어지는 영아기와 유아기에 체계적인 한국어 습득이 이루어지지 않게 되면서 한국어를 말하고, 듣고, 읽고, 쓰는데 어려움을 겪는 경우가 상당하다(김경근, 백병부, 권순정, 2010; 오성배, 2006).

더욱이 초등학교에 입학하기 전에 자녀에게 한국어의 읽기와 쓰기 학습을 충분히 진행하는 일반 가정에 비해 다문화가족의 자녀는 읽기와 쓰기 학습이 가정 내에서 선행되지 않음으로써 학교에서 독해력, 어휘력, 작문 등을 비롯하여 교과를 공부하는데 문제가 발생하게 된다(황매향, 고홍월, 2009).

여전히 우리나라에서는 자녀 교육은 어머니의 몫으로 생각하는 인식이 강한데, 다문화가족도 예외는 아니다. 한국어 습득이 이루어지지 않은 결혼이주여성 어머니들 중 자녀와 의사소통을 별로 하지 못하는 경우가 30% 정도가 넘으며(이순형, 2006), 결혼이주여성 중 체계적인 한국어 교육을 받지 않은 채 눈치로 습득한 경우 의사소통에는 무리가 없는 것처럼 보이지만, 잘못된 문법과 문장 형식이 고착화되어 있으며, 한국어 발음이 정확하지 않은 경우도 상당하다(정은희, 2004). 즉, 의사소통 부재, 잘못된 문법 형태, 부정확한 발음 등이 자녀의 언어 발달에 부정적인 영향을 미치게 된다고 볼 수 있다.

다문화가족 자녀 중 언어 발달 지연의 문제는 지능, 집중력, 사회성, 심리, 정서 문제와도 밀접한 관련이 있다는 연구(임혜경, 2004)도 있으며, 학교에서 한국어 구사력이 불완전하여 학습 능력이 떨어질 뿐만 아니라 학업과 관련한 다양한 문제가 속출한다는 연구 결과(설동훈 외, 2005; 홍진주, 2005)도 있다. 이와 같은 연구 결과에 비추어 보았을 때, 다문화가족의 아동이 가지고 있는 문자 언어의 미습득과 이해 능력의 미발달은 결국 다문화가족 아동의 전반적인 학교생활을 좌우하는 요인이 된다고 말할 수 있다.

한국어 학습 준비가 되어 있지 않은 아동들 중에 눈치가 빠른 아동은 자신이 한국어를 읽고 쓰지 못한다는 것을 주변에서 알아차리지 못하게 할 수도 있지만, 시간이 지나면서 학습 부진의 누적되어 학습결손으로 이어지기도 한다(황매향 외, 2012). 이처럼 대부분의 다문화가족 아동들은 일상적인 대화를 나누는 데에는 큰 무리가 없는 것으로 보이지만, 책을 읽거나 글을 쓰는데 어려움을 느끼고 자유롭게 말하고 듣지 못하는 상태는 학습 부진뿐만 아니라 진정한 의미의 의사소통을 하지 못하는 결과로 이어지기도 한다. 한국어를 자유롭게 말하고 듣고 쓰고 읽지 못한다는 것은 언어 속에 담긴 감정과 뉘앙스, 언어 이면에 감추어진 의미를 완전히 이해하기 못하는 결과를 초래하기 때문이다.

이처럼 다문화가족 아동이 한국어를 제대로 사용하지 못하는 이유는 한국어 학습 시 체계적으로 자음, 모음 등의 글자 구성과 소리를 연결하여 이해를 하는 것이 아니라 사람들이 말하는 소리와 글자의 모양을 그대로 받아들이고 암기하는 방식을 취하기 때문이다(오성배, 2006). 체계적이고 구조적으로 한국어 습득이 이루어지지 않았을 경우 학교에서 받아쓰기, 글짓기 등에서 문제가 발생하게 되는데, 문장의 형식이 전혀 맞지 않거나 맞춤법이 특이하게 틀리는 경우도 나타나고 있다. 이러한 현상이 발생하는 원인에 대해서 일각에서는 다문화가족의 자녀들의 언어 습득의 방식에 있어서 한국인가족의 자녀들과 한글에 대한 사고체계가 다르기 때문이라는 주장도 나타나고 있다.

다문화가족 아동이 한국어를 제대로 사용하지 못하는 또 다른 이유로 학습 준비도에 대한 문화적 인식의 차이로 보는 견해도 있다(황매향 외, 2012). 학습 준비도는 학교나 학습 장면에서 공부를 할 준비를 의미하며, 공부에 대한 태도, 실제 학습에 필요한 물리적 자원, 선행학습 습득 정도 등이 포함된다. 우리나라 일반 가정의 학부모들은 일찍부터 자녀에게 공부 습관, 교과 내용에 대한 선행학습 등을 제공하여 학습을 시작할 준비를 갖추고자 하는 경향이 강하지만, 다문화 가족의 경우 학습은 학교에서 수행하는 것이라는 인식이 강하기 때문에 조기교육이나 선행학습을 시키지 않아 일반 가정의 아동들에 비해 학습준비도가 낮은 편이라고 말할 수 있다. 이러한 차이는 학교 공부의 출발점에서 드러나게 된다. 이미 한국어를 습득하고 학교에 입학한 아동과 문자 교육을 받지 못한 상태에서 학교 학습을 시작하는 아동은 학습의 속도, 이해도, 학습 동기에서 큰 차이가 나타나게 된다.

(2) 교과 학습의 어려움

다문화가족 아동의 한국어 미습득의 문제는 학교에서 국어, 수학, 사회, 과학 등 4대 교과목에서 그대로 나타나게 된다. 읽기, 쓰기가 갖추어지지 않았다는 것은 결국 학습을 위한 도구가 마련되지 않았다는 것(황매향 외, 2012)이기 때문에 다문화가족 아동의 역량이나 능력과 상관없이 학교 학습을 유지하기가 어려워지게 된다.

대부분의 다문화가족 아동들이 어려움을 호소하는 과목은 한국어 습득과 가장 직접적으로 연결되어 있는 받아쓰기, 글짓기, 국어이다(김경근, 백병부, 권순정, 2010; 오성배, 2005). 다문화가족 아동들의 경우 말하기는 잘 하지만, 한글을 사용하는데 문제가 있고, 문장 형식과 맞춤법을 몰라서 받아쓰기, 일기쓰기, 독서 감상문 등의 과제를 수행하는데 어려움을 겪는다는 것이다. 특히, 자신의 생각이나 느낌, 의견, 주장 등을 작성해야 하는 과제를 완수해내지 못하는 경우가 상당하다. 초등학교 저학년 단계에서 수행하는 받아쓰기는 단어를 이해하고 쓰기보다는 주로 단어의 글자를 형태나 이미지로 암기해서 시험을 보기 때문에 시험이 끝나면 곧 잊어버리고 한국어의 구조를 이해하지 못하는 상태가 계속 되는 것이다. 또한, 암기한 단어의 각 글자가 다른 글자와 조합되어 새로운 단어를 나타내게 되면 그 단어를 쓰거나 읽는 데 어려움을 겪는 상황이 벌어지게 된다.

학년이 올라갈수록 교과서의 단어와 문장 이해력의 난이도는 더욱 어려워지게 되는데, 한국어 습득이 이루어지지 않은 다문화가족 아동들은 언어적 이해능력이 부족하면서 독해, 어휘력, 쓰기, 작문 등이 어려워지고, 국어 과목뿐만 아니라 다른 과목의 학습도 점차 어려워지게 되는 악순환이 벌어지게 되고, 결국은 다음 학년으로 진학하기 어려울 정도의 낮은 학력 상태인 기초학력 미달로 이어지게 된다. 실제로 다문화가족 초등학생의 기초학력 미달은 일반 가정의 초등학생에 비해서 5배나 많다고 한다(교육과학기술부, 2010).

기초 학습 능력의 결손은 집중력, 학습 태도에도 영향을 미친다. 수업 내용을 이해하지 못하면서 수업 시간이 지루하고 집중하기 어려우며, 산만한 학습 태도로 나타나게 된다.

다문화가족의 아동이 교과 학습에서 낮은 성취를 보이고 기초 학습 능력의 결손이 나타나는 것은 다문화가족의 부모의 학부모 역할 적응의 어려움과 관련이 있다(김혜온, 2012; 황매향 외, 2012). 문화에 따라 학습준비도에 대한 인식이 다른 것과 마찬가지로 학부모의 역할에 대한 인식에서도 다문화가족의 차이를 보이는 것이다. 학령기 자녀를 둔 우리나라 학부모는 자녀의 삶에 적극적으로 개입하고 조력하고자 한다. 그래서 가정통신문, 알림장을 통해서 학교의 전달사항을 파악하고, 준비물과 학교과제를 챙기는 것을 부모의 역할로 생각한다(김성근 외, 2010). 한국어를 습득하지 못했거나 한글을 읽지 못하는 결혼이주여성 어머니는 이러한 역할을 수행하지 못하며 자녀의 담임교사와 의사소통도 거의 이루어지지 못하고 있는 실정이다(이순형, 2006).

다문화 민족의 자녀들의 적응은 부모의 역할에 의해서 결정된다는 연구(Jeynes, 2003)의 연구에 비추어 보았을 때, 다문화가족의 아동이 교과 학습을 제대로 수행하고 학업성취를 이루기 위해서는 학부모의 상당한 노력이 필요하다고 말할 수 있다.

그러나 결혼이주여성들의 경우 자녀교육에 대한 강력한 욕구를 가지고 있지만, 결혼과 동시에 이주하여 임신, 출산의 과정을 겪느라 한국어를 습득하지 못하고, 취약계층에 속하여 생업을 유지하느라 시간적 여유가 없기 때문에 자녀의 교육에 개입하지 못하고 있는 실정이다.

다문화가족의 아동이 교과 학습을 제대로 수행하지 못함으로써 교과 내용을 통해서 익히게 되는 문화적 이해가 부족해지고 아동의 정서 표현 능력에도 영향을 미치게 된다. 언어적 표현과 어휘가 부족한 아동은 자신의 생각이나 감정을 언어적으로 표현하지 못하고 폭력적인 행동으로 표출하면서 또래 관계에서도 어려움을 겪게 되는 것이다.

3) 다문화가족 아동의 학습 문제

한국어를 제대로 습득하지 못하고 학교에서 교과 학습을 수행하지 못하게 되었을 때 나타나는 심각한 문제는 바로 학습 동기의 저하이다. 언어 능력의 부족으로 수업 내용을 이해하지 못하고, 낮은 성적을 계속해서 받게 되면 공부에 재미를 느끼지 못하는 것은 당연한 일이다. 지속적인 낮은 성취와 공부에 대한 흥미 부족은 다문화가족 아동이 학교에서의 실패의 원인을 자신의 능력 부족으로 귀인하게 만들고 결국 학습 동기 저하로 이어지게 된다.

낮은 학습능력을 보이고 공부에는 관심이 없고 놀고만 싶어 하는 학습태도를 보이면서 다문화가족 아동은 교사의 지지나 또래와의 경쟁 등을 경험하지 못하며 교실에서는 지나칠 정도로 소극적인 태도를 보이고, 학습에 대한 부정적인 감정은 더욱 심화되면서 학교에 적응하지 못하고 중도탈락이라는 심각한 상황에까지 이르게 된다. 실제로 다문화가족 자녀들의 중도탈락률이 점차 증가하고 있으며, 청소년기에 해당하는 중·고등학교로 갈수록 그 비율은 빠른 속도로 증가하고 있는 추세이다(교육과학기술부, 2010).

더군다나 다문화가족의 부모들은 우리나라 일반가정의 부모와 달리 학력, 학습 등을 강조, 강요하지 않고 학교 과제나 시험에서 높은 성적을 받도록 독려하는 경우가 거의 없기 때문에 학습에 대한 의욕이 회복되기 어렵다.

다문화가족 아동에게 나타나는 학습 문제는 학습 장애로 이어질 수 있다. 언어 발달의 지연과 언어 이해 부족은 교과 학습의 문제로 이어질 뿐만 아니라 지능, 집중력을 떨어뜨리게 된다(임혜경, 2004; 정옥분, 2008). 이에 더하여 학교 생활과 문화에 적응하지 못하게 되면서 부정적인 감정이 축적되고 공격성, 폭력성으로 표출되어 주의력결핍과잉행동장애(ADHD)를 보이는 경우도 발생하고 있는 실정이다(교육과학기술부, 2012).

4) 다문화가족 아동의 학교생활 관련 상담

현재 우리나라의 다문화가족 아동은 초등학교 한 반에 3-10명 정도의 비율로 상당히 빠르게 증가하고 있지만, 다문화가족 아동이 학교생활과 학습에 대해서 적응을 잘 할 수 있도록 교사의 지도나 상담 지원이 활발하지 않은 실정이다. 일부의 학교를 다문화 연구학교로 지정, 특별학급을 운영하기도 하며, 개별지도, 대학생 멘토링, 방과 후 교실 등의 운영 등의 방법으로 다문화가정 아동의 학교생활과 학습의 개선을 위해서 지원하고 있지만, 다문화가족 아동의 학교생활 부적응이나 학습부진 문제는 지속적으로 반복되고 있는 실정이다.

학교생활과 학습은 다문화가족 아동이 가장 빈번하게 경험하는 문제 영역이지만, 이후의 삶을 좌우하기 때문에 반드시 해결해야 하는 문제라고 볼 수 있다. 이미 많은 연구를 통해서 다문화가족 자녀의 학습 능력 부족이 핵심 문제이며 적응과 밀접한 관련이 있음이 밝혀져 왔다(박경민, 2009; 조혜영, 서덕희, 권순희, 2008). 다문화가족 아동은 일반 가정의 아동과 달리 가족 내의 이중문화와 언어를 경험하는 환경 속에서 성장하고, 취약 계층의 다문화가족일 경우에는 자녀가 학교에 입학하기 전에 한국어를 습득하고 학습할 준비를 갖추기 어려운 환경 속에서 성장하게 된다. 한국어를 읽고 쓰지 못한 상태에서 학교생활을 하면서 교과 학습에 문제가 발생하고 낮은 학업성취 수준이 반복되다가 학습 결손과 부진이 나타나며 학습동기와 같은 심리적인 영역에서도 문제가 나타나게 된다.

다문화가족 아동의 학교생활 및 학습과 관련하여 발생하는 문제들은 단순히 인지적인 기능 부족이 원인이라기보다는 문화, 성장 배경 등이 복잡하게 얽혀있다는 점에 유의하면서 상담을 진행해야 한다. 다문화가족 아동의 학교생활 및 학습과 관련하여 발생한 문제에 대한 상담적 접근은 그 원인별로 분류하여 기초학습능력, 학습준비도, 학습동기에 초점을 맞추어 상담에 임하는 것이 바람직하다.

또한, 다문화가족 아동이 겪는 문제에 대한 상담적 접근은 언어적 차원과 사회적 차원을 모두 포함할 필요가 있다. 언어적 차원에 초점을 맞춘 상담적 접근은 학습부진의 근본적인 문제인 한국어 습득 및 지도 등을 포함하며, 사회적 차원은 다문화가족 아동 스스로 자신의 이중 문화의 배경에 대한 이해를 수용하도록 조력하고 집단따돌림으로 인한 다문화가족 아동의 심리적인 상처를 치유하는 동시에 주변 아동의 사회적 인식변화를 의미한다. 다문화가족 아동이 심리적으로 건강하게 성장하고 적응적으로 기능하도록 도움을 주기 위해서는 다각적인 접근을 시도해야 한다.

(1) 다문화 아동의 이중 문화 경험에 대한 인식의 변화

다문화가족 아동은 경제・사회적 지위에서도 열악한 계층에 속하는 경우가 상당하며, 교육 기회에 있어서 상대적 박탈을 경험하는 경우도 많고, 다문화가족에 대한 사회의 부정적 인식으로 인해 고통 받기도 한다. 게다가 학교에 들어가기 전에는 어머니가 결혼이주여성이며, 한국어를 잘 못한다는 것에 대해 인식하지 못하다가 학교에서 또래와 자신을 비교하게 되고, 결혼이주여성인 어머니가 한국어 사용이 미숙하고 질문을 해도 제대로 가르쳐 주지 못한다는 점을 알게 되면서 어머니를 부끄럽게 생각하게 된다.

이러한 상태가 반복, 유지됨에 따라 다문화가족 아동에게 낮은 자아존중감이 형성하게 되고, 심리적으로나 행동적으로 위축되기도 한다(김혜온, 2012). 낮은 자아존중감과 자신감의 부족은 대인관계에도 부정적인 영향을 미치게 되는데, 또래로부터 제대로 인정받지 못하고, 또래와 새로운 관계를 형성하는데 어려움을 겪으면서 더욱 부정적인 자아상이 형성되는 악순환이 거듭되는 것이다. 다문화가족 아동은 한국어 미숙으로 인한 학습 부진뿐만 아니라 또래 관계 형성에서도 문제가 발생하면서 전반적인 학교생활 적응에서 어려움을 겪게 되는 것이다.

다문화가족 아동이 학교생활과 학습에서 나타나는 문제를 해결하기 위해서는 우선적으로 심리적인 위축감과 열등감을 극복하는 과정이 필요하다. 이를 해결하기 위한 방법으로 국제 결혼한 부모의 문화, 즉, 이중문화와 언어를 이해하고 활용할 수 있도록 격려, 지지하여 자신의 가정 배경에 대한 자부심을 갖게 하도록 하는 것이다. 실제로 결혼이주여성의 자녀가 어머니의 문화와 아버지의 문화를 모두 더 많이 즐길수록 자아정체감이 높고, 문화적응에 대한 스트레스가 적은 것으로 나타났다(신혜정, 2007).

참고 자료

다문화에 대한 인식개선을 위한 노력

우리나라의 다문화가족과 다문화 자녀들이 겪고 있는 문제의 출발은 사회적 인식에서 출발한다고 볼 수 있다. 다문화가족에 대한 편견과 선입견, 그리고 차별의 태도가 다문화가족과 자녀가 적응하고 건강하게 살아가는데 큰 어려움을 줄 수 있다는 점을 기억해야 할 것이다. 그와 반대로 다문화와 다문화가족에 대하여 같은 공동체의 일원으로서 생각하는 사회적 인식의 변화가 일어난다면 다문화가족 아동들의 심리적 고충과 상처는 사라질 것이다.

사회적 인식 변화를 위한 노력의 일환으로 정부와 각 기관 및 인권단체에서는 다문화인식개선에 주력하고 있다. 그 대표적인 예로 2010년에 열린 다문화 인식개선을 위한 창작동화 · 만화, UCC 공모 'WISH 다문화 공모전'(주관 전국다문화가족지원단, 후원 삼성/한국일보, 지원 사회복지공동모금회)를 들 수 있다. 현재 자신이 가지고 있는 다문화에 대한 인식을 살펴보고, 다문화에 대한 열린 마음을 갖게 하며, 다문화가족과 아동들의 심리적 고통에 대하여 공감해 볼 수 있는 기회로서 활용될 수 있다.

2010년 다문화 인식개선을 위한 창작동화 · 만화, UCC 공모 'WISH 다문화 공모전' 수상작 e-book(출처:http://ebook.familynet.or.kr/20111216_180647)

(2) 기초학습능력

다문화가족 아동의 기초학습능력을 증진하기 위한 상담을 진행하기에 앞서 우선적으로 기본학습능력 수준에 대한 진단이 필요하다. 즉, 국어, 수학, 사회 등의 기본학습에 대한 수준과 능력에 대한 진단과 평가를 실시하여 정확한 수준과 상태를 파악해야 한다. 대부분의 다문화가족 아동은 한국어를 습득하지 못한 결혼이주여성 어머니가 가정에서 기본학습을 지도하지 못하기 때문에 다문화가족 아동의 현재 학습능력과 성취 수준에 대한 정확한 평가를 통해 기초학습능력 증진에 필요한 학습상담을 진행할 수 있다.

특히, 다문화가족 아동의 학습부진 및 학습결손을 비롯하여 학교생활 및 학습에서 발생하는 문제의 원인이라고 볼 수 있는 한국어 구사능력에 대한 철저한 점검이 필요하다. 한국어의 말하기, 듣기, 읽기, 쓰기 영역의 수준을 정확하게 평가하고, 다문화가족 아동이 해당하는 학년에서의 학업성취수준과 학습 기능에 대한 진단도 실시해야 한다. 이러한 진단을 통해 다문화가족 아동의 학습상담을 위한 기초선을 설정하고 개입에 필요한 상담 내용과 프로그램을 모색할 수 있는 것이다.

기본학습능력과 학업성취에 대한 진단을 실시한 후에는 주로 주요 과목 즉, 국어, 수학, 사회 등의 교과 내용을 직접 다루기보다는 주요과목을 이해하는데 필요한 기초학습에 초점을 맞추어 이루어진다. 다문화가족 아동은 교과 내용을 이해하기 위해서 선행적으로 갖추어야 할 능력과 기능을 습득하지 못했다는 점에 초점을 두어 학습상담 프로그램을 선정해야 한다.

또한, 기초학습능력의 증진을 위해서 무엇보다도 다문화가족 아동이 학습에 대한 필요성과 동기가 중요하다는 점을 간과해서는 안 된다. 다문화가족 자녀들은 한국어를 전혀 하지 못하는 상태가 아니며 일상적인 대화가 가능하기 때문에 기초학습에 대한 필요성을 절실하게 느끼지 못할 수도 있다(황매향 외, 2012). 그러므로 다문화가족 아동에게 학습상담을 실시하면서 기초 과목에 대한 학습이 제대로 이루어지지 않으며 학습능력이 계속해서 떨어지게 되고 상급 학년에 진학을 해도 학습에 문제가 생길 수 있으며 진로 문제에도 영향을 미칠 수 있음을 설명하고 동기를 부여해야 한다.

다문화 아동을 한국어 지도 방안

한국어를 습득하지 못한 다문화가족 아동을 위하여 국가기관 차원에서 무료로 제공되고 있는 한국어 교육 사이트를 활용하는 방안을 모색할 수도 있다. 특히, 한국어 교육 사이트는 한국어의 구조, 조합, 원리, 주제별 회화법 등을 단계적으로 학습하도록 안내하고 있어서 한국어를 체계적으로 지도할 수 있으며, 별다른 교재 없이도 한국어를 지도할 수 있어서 유용하다. 다문화가족 아동뿐만 아니라 결혼이주여성의 한국어 교육을 위해서도 활용할 수 있다. 대표적인 한국어 교육 사이트는 다음과 같다.

- 한국어세계화재단(http://glokorean.org/index.html)
- 재외동포재단(http://www.teenkorean.net)
- 문화관광부(http://www.mct.go.kr/hangul/)
- 한국관광공사(http://english.tour2korea.com)

(3) 학습준비도

다문화가족 아동은 일반 가정의 아동에 비해 학습준비도 즉, 한국어 습득, 교과 내용에 대한 선행학습, 학습습관, 학습태도 등에서 차이가 나타난다. 이는 학습준비도의 필요성에 대한 문화적 차이에서 기인할 수도 있지만, 결혼이주여성인 어머니가 한국어를 습득하지 못하여 자녀의 학교생활 적응에 영향을 줄 수도 있다. 특히, 초등학교 저학년에 해당하는 아동의 경우 부모가 학교 과제나 준비물을 준비하는데 부모의 도움이 필요로 하는데, 한국어를 읽을 줄 모르는 어머니가 이를 도와주지 못하면서 수업 내용을 이해하는데 어려움을 느끼게 되고, 이후에 이 상태가 누적되어 학습부진과 결손이 발생할 수 있다.

근본적인 해결방안은 결혼이주여성이 한국어를 습득하도록 교육적인 지원을 제공하고, 학부모로서의 역할을 수행하는데 필요한 문화적 이해와 인식을 도모하는 것이다. 그러나 이와 같은 방법은 현재 낮은 학습준비도를 보이는 다문화가족 아동을 위한 효과적 방법이 아니기 때문에 아동의 학습준비도를 높이는 쪽으로의 개입과 상담을 진행하는 것이 필요하다.

다문화가족 아동의 현재 상황과 수준에 대한 정확한 이해를 바탕으로 아동 스스로 학습에 필요한 준비를 갖추도록 학습상담을 실시해야 한다. 먼저 학교 학습에 필요한 준비 조건 등을 아동과 함께 설정하고, 이를 지켜나가도록 지지, 격려해주는 상담 과정을 진행하도록 한다. 한국어를 습득하지 못한 아동의 경우에는 한국어 보충 및 보완을 제공할 수 있는 교재와 학습 지도를 실시하며, 알림장 쓰기, 숙제는 집에 가자마자 하기, 잠자기 전에 준비물 점검하기 등의 행동 규칙을 정하여 이를 지속적으로 습관화가 될 때까지 점검, 강화하도록 한다. 학습준비도 형성을 위하여 여러 가지 행동규칙을 한꺼번에 수행하도록 한다면 오히려 역효과가 발생할 수 있다. 아직 학습의 중요성을 이해하지 못하고 흥미를 느끼지 못하는 아동에게 과도한 부담감을 느끼게 한다면 학습동기가 저해될 수 있으므로 다문화가족 아동이 수행할 수 있는 한두 가지의 행동규칙을 지키는 것에서부터 출발하는 것이 바람직하다. 행동규칙을 잘 지킬 경우에는 다문화가족 아동의 노력과 능력을 칭찬하여 행동규칙을 강화하고 자아존중감을 높일 수 있도록 하는 것이 좋다. 이러한 과정을 통해서 다문화가족 아동의 학습준비도가 어느 정도 갖추어지게 되면 학업성취 수준도 향상되는 결과로 이어질 수 있다.

(4) 학습동기

다문화가족 아동의 경우, 자신의 학습결손과 학업성취 저조에 대한 원인에 대하여 능력이나 가정환경 등으로 귀인(attribution)[5] 하는 경우가 많다. 즉, 자신들은 '머리가 나빠서' 공부를 잘

5) 어떤 행동에 대하여 가능한 행위원인들 가운데 어느 원인을 그 행동에 귀속시켜야 할지를 추론하고 결정하는 과정을 말한다. 귀인의 일반적인 형태로 상황 귀인과 성향 귀인이 있다. 상황귀인은 사람의 행동을 그의 내면적 태도와 동기보다는 상황이나 환경 속에 있는 요인들에 그 원인을 돌려 설명하는 방식을 말하며, 상황적 요인보다는 그 사람의 태도, 성향, 동기 등에 돌려 설명하는 방식을 성향 귀인이라고 한다. 귀인은 개인의 행동, 자아존중감, 자신감 등에 영향을 미치는 것으로 나타났으며, 특히 학습장면에서 이후에 학습행동을 결정하는 가능성이 많기 때문에 상당히 중요하다(교육연구소, 1995).

하지 못한다고 여기거나 '어머니가 다른 나라 사람이라서' 혹은 '우리 집이 가난해서' 공부가 소용없다고 생각한다는 것이다. 물론 다문화가족 아동들은 한국말이 서툰 어머니로부터 교육 받은 관계로 언어능력 부족과 학습 부진이 나타나지만(조영달, 2006), 언어능력 및 학습능력 부족 등 과 같은 아동의 내적 요인뿐만 아니라 다문화에 적절하지 못한 학습 환경, 편견과 놀림, 교사의 인식부족, 다문화에 맞지 않는 커리큘럼 등의 외적인 요인도 학교생활과 학습에 영향을 미칠 수 있다(이성미, 2012).

이와 같은 다각적인 원인으로 인하여 다문화가족 아동들은 학교생활에서 실패와 좌절을 자주 경험하게 되면서 공부에 대한 관심이 없어지고 의욕도 사라지게 된다. 즉, 학습을 하고자 하는 의지와 동기가 사라지는 것이다. 다문화가족 아동의 학습동기를 향상시키기 위해서는 무엇보다도 귀인을 전환할 수 있는 상담을 진행하는 것이 바람직하다. 실패와 좌절을 자주 경험하는 학습자일수록 통제불가능한 원인에 귀인을 하는 경우가 많다. 그러므로 실패와 좌절로 인해 통제불가능한 귀인을 하는 다문화가족 아동을 위해서는 통제가능한 귀인으로 전환하는 상담을 진행하는 것이 필요하다.

통제가능한 귀인으로 대표적인 것은 노력이 있다. 다문화가족 아동이 학습부진을 극복하기 위해서는 자신이 노력함에 따라 좋은 결과를 성취할 수 있다는 경험을 제공하는 것이 필요하다. 그러기 위해서는 성공의 경험을 자주 할 수 있도록 상담의 목표 행동을 세분화해야 한다. 다문화가족 아동의 현재 수준과 상태를 정확하게 평가한 후 도달해야 할 목표 행동을 매우 작은 단위로 세분화하여 단계별로 설정하여 어렵지 않게 성취하도록 수준별로 진행하도록 한다. 이러한 과정을 통해서 다문화가족 아동은 통제가능한 귀인을 하게 되며, 자신의 능력에 대한 자아효능감을 형성하여 학습동기와 학습에 대한 흥미를 갖도록 조력하는 상담과정을 진행하도록 한다.

참고 자료

귀인 이론에 대한 이해

귀인이론은 자신이나 타인의 성공이나 실패와 관련한 행동 원인을 설명하는 방식에 대한 이론으로서 와이너(B. Weiner)에 의해서 체계화되었다. 그는 사람들이 성공이나 실패의 원인을 귀속할 때 항상 유사한 방식으로 반응하는 경향을 발견하였으며, 성공과 실패의 원인에 대해서 어떤 양식으로 인식하느냐에 따라 개인의 행동의 방향과 이후 행동에 상당한 영향을 미친다고 주장하였다. 와이너가 분류한 귀인의 양식은 크게 세 가지로 분류된다. 즉, 원인의 소재, 안정성, 통제 가능성이다.

- 원인의 소재: 원인의 위치가 개인의 내적에 있는가, 외부에 있는가에 대한 분류이다. 개인 내적인 원인은 한 사람이 가지고 있는 능력, 내면적 태도, 동기, 외모 등을 말하며, 개인의 외적인 원인은 한 사람의 외부적인 환경, 상황, 운 등을 의미한다.
- 안정성: 변화 가능성을 근거로 원인을 분류하는 것을 말한다. 성공 및 실패에 대한 귀인이 시간의 경과나 상황이 바뀌어도 변화할 가능성이 있을 경우에는 불안정적 귀인이라고 하며, 변화할 가능성이 없는 경우에는 안정적 귀인이라고 한다.

■ 통제가능성: 사태의 원인에 대한 행위자의 통제가능성을 의미하며, 통제할 수 있는 경우에는 통제 가능 귀인이라고 하며, 통제할 수 없는 경우에는 통제 불가능 귀인이라고 말한다.

성공 및 실패의 원인을 외적 요인보다는 내적 요인에, 안정적 요인보다는 불안정적 요인에, 통제 불가능 요인보다는 통제 가능 요인에 귀인을 할 때 무엇인가 해보고자 하는 동기가 증가된다. 이러한 근거에 따라 바람직하지 못한 귀인을 바람직한 귀인으로 바꾸는 과정을 귀인 재훈련이라고 한다. 귀인 재훈련의 가장 중요한 목표는 한 개인이 자신의 실패 원인을 통제 불가능한 요인에 귀인하려는 경향을 노력 부족이나 비효율적인 공부법 등과 같이 수정 가능한 요인으로 귀인하는 것이다.

3. 다문화가족 아동상담에서의 대인관계 영역

많은 다문화가족 아동들이 학교에 입학하면서 또래, 교사 등과의 관계 형성에서 어려움과 갈등을 경험하게 된다. 다른 학생들과 다른 외모, 서툰 한국어 등으로 인해 또래들로부터 놀림과 따돌림을 당하게 되고 사회적으로도 차별을 받게 되면서 다문화가족 아동들은 대인관계를 형성하는데 어려움을 느끼게 되기도 하지만, 일반 가정의 아동들과 다른 행동 양식과 반응으로 인해 관계를 맺는데 있어서 적응적이지 못한 모습을 보이기도 한다. 이러한 대인관계의 문제가 누적되면 학교 내의 또래들과의 관계를 맺지 못하게 되고, 더 나아가 교사, 가족과도 갈등을 겪게 되면서 전반적인 대인관계 문제가 발생하게 된다.

1) 다문화가족 아동의 대인관계 특징과 문제

아동기의 가장 유의미한 타인은 또래이며, 또래와의 관계를 통해 자신의 가치와 평가가 형성되기도 한다(정옥분, 2008). 다문화가족 아동의 경우 아동기의 사회성 발달과 자아 발달에 영향을 미치는 또래와의 관계를 형성하는데 있어 상당수가 어려움을 겪게 된다. 다문화가족이라는 이유로 어렸을 때부터 차별을 경험하고, 놀림과 따돌림의 대상이 되기도 한다. 아동기의 또래 관계 경험은 이후 성인의 삶을 살아가는데 있어서 사회적 기술과 대인관계 능력 등과 밀접한 관련이 있기 때문에 다문화가족 아동이 겪는 문제와 갈등을 극복할 수 있도록 도움을 주어야 한다. 다문화가족 아동이 대인관계를 형성하는데 나타나는 특징과 발생하는 문제들에 대해서 알아보고, 이에 대한 상담적 접근에 대하여 알아보도록 하겠다.

(1) 다문화가족 아동의 대인관계 특징

다문화가족의 자녀는 매우 어린 시기부터 일찍부터 사회적 편견에 대한 인식을 경험하게 된다. 유아기에는 적극적이고 활발한 성향을 가졌더라도 차별과 편견을 경험하면서 소극적으로 변하기도 한다. 차별과 편견이 발생되는 이유는 외모나 한국어 수준 등 주로 외현적인 특징 때문인 것으로 볼 수 있다. 일본, 중국을 제외한 다른 나라 출신의 결혼이주여성이 어머니인 경우에는 외모의 특이함으로 인해 사회적 편견을 경험할 수도 있고, 서툰 한국어로 인해 또래의 놀림과 따돌림을 경험하게 되는 것이다. 성장과정에서 경험한 사회적 편견은 정신건강과 심리사회적 기능에 부정적인 영향을 받게 된다(김혜온, 2012). 그래서 다문화가족 아동 중 외로움을 느끼고 내성적이며 자기표현에서 상당히 위축되어 있는 경우가 상당 수 발견되며, 또래로부터의 거부받은 경험으로 인해 청소년기에 우울 증세를 보이기도 한다. 때로는 정반대로 공격적이고 폭력적인 성향을 보이는 경우도 발생하는 것으로 보고되고 있다(신혜정, 2007; 전경숙, 2008).

학령기의 아동은 또래와의 상호작용을 통해 자아존중감과 자아개념 형성과 발달에 영향을 받게 되는데, 다문화가족 아동은 또래로부터 따돌림과 차별 등을 경험하고 인정받지 못하면서 열등감을 느끼는 경우가 상당한 것으로 나타났다(김혜온, 2012). 원만한 대인관계를 형성하는 것으로 보이다가도 의견 충돌이 발생하면 외모, 서툰 한국어 등의 다문화가족 특성이 놀림의 대상이 되기 때문에 같은 다문화가족 아동이나 자신과 학업성취 수준이 비슷한 또래와 어울리려는 양상을 보이기도 한다. 특히, 이러한 양상은 초등학교 저학년 시기에 자주 발생하며 도시보다는 농촌에서 나타나는 현상으로 보인다(한국교육개발원, 2005). 그 이유는 농촌 사회가 도시보다 국제결혼이 더 많이 이루어지고 있음에도 불구하고 도시보다 폐쇄적이고 전통의식을 강조하는 문화적 특성을 유지하며 다문화를 인정하는데 더 많은 시간이 필요로 하기 때문이다. 실제로 학기가 진행되고, 같은 학교에서 학년이 계속 올라갈수록 대인관계 문제가 차츰 줄어드는 양상을 보이는 경우도 나타나는 것으로 보고되고 있다.

다문화가족 아동에게서 나타나는 대인관계 특성은 결혼이주여성인 어머니의 태도의 영향을 받는 것으로 나타났다(김혜온, 2012; 황매향 외, 2012). 새로운 문화와 언어를 접할 때 보이는 어머니의 태도와 성향을 다문화가족 자녀들에게 적지 않은 영향을 미치는 것으로 보고되고 있으며, 어머니가 대인관계를 형성하는데 있어 위축되어 있거나 소극적으로 행동할 때 다문화가족 아동 역시 비슷한 양상을 보이는 것으로 나타났다. 성장하면서 대인관계를 형성하는데 필요한 행동과 기술을 습득하지 못하여 부적절한 행동과 반응을 보이면서 어려움을 겪게 되며, 이에 더하여 사회적 편견과 차별적인 또래의 태도를 경험하면서 대인관계를 맺는데 문제가 발생하는 것으로 볼 수 있다.

(2) 다문화가족 아동의 대인관계 문제

다문화가족 아동은 학교에서 친구로부터 친구로서 인정받고 수용되는 경험보다는 차별과 선입견을 가진 또래의 반응으로 인해 상처받는 경험을 더 많이 하게 된다. 다문화가족 아동은 학교생활을 시작하면서부터 외모로 인한 또래의 놀림과 따돌림 문제를 심각하게 경험하며, 학교 밖이나 학원 등에서도 불공평한 대우를 받는다는 보고도 상당하다(설동훈 외, 2005; 신혜정, 2007; 오성배, 2006; 전경숙, 2008; 황매향 외, 2012).

특히, 다문화가족 아동의 대인관계 문제 중 가장 심각한 것은 또래로부터 부당하게 받는 집단따돌림이다. 교육과학기술부(2005)

의 다문화가정의 교육실태 보고에 따르면, 다문화가족 아동 및 청소년들은 학교나 또래 사이에서 집단따돌림의 경험한 경우가 조사 대상의 20%이상인 것으로 나타났다.

우리나라 일반 가정의 학생들이 집단따돌림을 당하는 주된 이유는 또래들 앞에서 잘난 척 하기 때문이라는 조사 결과에 비해서 (조영달, 2006a) 다문화가족 아동과 청소년은 성격이나 행동성향과는 무관하게 별 다른 이유 없이 집단따돌림을 당하는 것으로 나타났다(김혜온, 2012). 다문화가족 아동과 청소년을 집단따돌림하는 이유에 대한 교육과학기술부(2005)의 결과를 제시하면 <표 4-2>와 같다.

<표 4-2> 다문화가족 자녀의 집단따돌림 이유

이 유	비율
엄마가 외국인이기 때문에	34.1
의사소통이 잘 안되어서	20.7
특별한 이유 없이	15.9
태도와 행동이 달라서	13.4
외모가 달라서	4.9
기타	22.0

이와 유사한 결과를 보이는 연구(설동훈, 2005; 조영달, 2006a; 전경숙, 2008) 역시 어렵지 않게 찾을 수 있다. 다문화가족 아동과 청소년들이 집단따돌림을 당하는 이유 중 가장 빈번한 답변은 단순히 어머니가 외국인이기 때문이고, 한국말을 잘 못하거나 태도와 행동이 다르다는 이유로 따돌림을 받는 것으로 나타

났다. 다문화가족 아동과 청소년이 집단따돌림을 받는 이유가 어머니의 국적이나 피부색과 같이 개인의 의지나 노력으로 변화시킬 수 있는 것이 아니며 이미 결정되어 버린 것 때문이라는 것을 반복적으로 인식하게 될 때 무력감에 빠지게 된다.

이처럼 다문화가족 아동은 학령기부터 원만한 또래관계를 형성하지 못하고 집단따돌림, 거부, 학교폭력을 경험하는 사례가 점차 증가하고 있는 실정이다(교육과학기술부, 2010). 그러나 원만하지 못한 대인관계의 이유는 다문화가족 아동의 개인적 특성에 있는 것이 아니라 외모, 행동 등에 대한 선입견 및 사회적 편견 때문에 발생하게 되는데, 이러한 상황이 반복되고 장기화되면서 다문화가족 아동의 이후의 삶에는 치명적인 영향을 미치게 된다.

아동기와 청소년기에는 타인과의 관계가 어떠했는지에 따라 자신에 대한 인식과 평가가 형성되는 발달적 특성을 보인다(정옥분, 2008). 즉, 다른 사람이 자신을 인정하고 호감을 보여주면 자신에 대한 가치를 높게 평가하며 스스로를 존중받을 만하다고 생각하는 자아존중감이 제대로 형성된다. 반대로 다른 사람이 자신을 인격체로 존중하지 않고 하찮게 여기거나 타인에게 거부당하는 경험을 자주 하게 되면 자신이 보잘 것 없는 존재라고 생각하게 되는 것이다. 다문화가족 아동과 청소년은 또래로부터 부정적인 피드백을 받고 거부 경험을 빈번하게 받게 되면서 대인관계에서의 부적응을 보이면서 자신에 대해서도 부정적인 자아상과 자아개념이 형성될 가능성이 높아지면서 이후에 삶에서 지속적인 영향을 받게 된다.

그밖에 다문화가족 아동들이 대인관계로 인해 발생되는 문제들을 정리하면 다음과 같다.

- 교우 관계에서 거절, 거부의 경험이 많은 다문화가족 아동들의 경우 부적적한 행동을 하거나 외현적인 행동에서 문제를 보임
- 또래뿐만 아니라 주변 사람들에게 공격적이고 갈등수준이 높으며 적대적인 행동을 보이기도 하고 과잉행동을 보이기도 함
- 충동적인 행동을 보이고, 분노, 짜증, 우울, 슬픔 등의 부정적 정서를 잘 조절하지 못함
- 대인관계 기술을 습득한 경험이 거의 없기 때문에 사회적 이해능력이 낮아서 또래의 정상적 행동을 적대적으로 해석하고 자신이 겪는 대인관계의 어려움을 타인의 탓으로 돌리는 경우가 많음
- 외현적으로 드러내지 못하고 위축되는 시간이 길어지면서 내면화된 행동문제로 나타나는 경우도 나타남. 즉, 자신감이 없으며, 심리적으로 위축되고, 수동적이며 사회적으로 서투른 행동을 보임
- 도전적인 문제나 난이도가 약간이라도 어려워지면 당황하고 위축됨
- 비웃음의 대상이 되거나 타인으로부터 공격을 받을까봐 불안한 감정을 빈번하게 느낌
- 불안감이 높은 다문화가족 아동의 경우 또래들에게 부적절하고 복종적 태도를 보이는데 이러한 행동이 오히려 집단따돌림의 위험을 가중시킴

2) 다문화가족 아동의 대인관계 문제 상담

다문화가족 아동이 경험하는 대인관계 문제는 또래 간에 발생하는 것이다. 다문화가족 아동의 또래 관계 문제가 발생하는 원인은 크게 내적인 요인과 외적인 요인으로 구분해 볼 수 있다. 내적인 요인은 다문화가족 아동이 적절한 대인관계 기술이나 반응 등을 습득하지 못하고 한국어 표현 능력의 부족과 관련이 있다. 이중문화라는 가정환경의 영향으로 인하여 한국의 또래에 수용될 수 있는 행동 반응, 대처 방식 등을 습득하지 못한데다가 적합한 언어 표현이나 대화 기술이 미숙하여 또래로부터 거부되는 어려움을 겪게 된다.

외적인 요인은 다문화가족과 아동에 대한 사회적 편견과 차별을 의미하는 것으로 인종, 외모, 서툰 한국어 등으로 인해 놀림, 따돌림을 경험하고 또래와 사회적 관계를 맺는데 문제가 발생한다. 이 두 가지 요인 중 어느 한쪽에 치우쳐지는 것이 아니라 두 요인은 서로 상호작용하여 다문화가족 아동의 대인관계 문제는 더욱 심화된다고 볼 수 있다. 다문화가족 아동의 대인관계 문제는 시간이 지날수록 더욱 심각한 상태가 되기 때문에 문제가 발생한 초기에 개입하거나 예방 상담을 실시하는 것이 바람직하다.

다문화가족 아동의 대인관계 문제를 해결하기 위해서는 다문화가족 아동 자체의 대인관계 기술과 관련된 능력 증진에 초점을 둔 상담과 다문화가족 아동에게 발생하는 집단따돌림을 주도한 학생을 비롯하여 일반 아동들을 대상으로 다문화에 대한 사회적 인식의 변화와 공감능력 증진에 초점을 둔 상담을 동시에 진행하는 것이 바람직하다.

다문화가족 아동의 대인관계 문제와 관련된 상담은 다문화가족 아동의 내적인 요인에 해당하는 대인관계 기술 증진, 정서의 통제 및 관리 능력에 관한 상담적 접근과 집단따돌림에 관한 상담적 접근으로 구분하여 살펴보도록 하겠다.

(1) 대인관계 기술 습득에 대한 상담

다문화가족 아동에게 발생하는 대인관계 문제는 또래로부터 거부, 학교폭력, 집단따돌림 등이 있으며, 대부분 교사의 눈길이 미치지 않는 곳에서 이루어지기 때문에 대인관계 문제가 발생했을 때 즉각적인 도움을 주기 어렵다. 그러므로 다문화가족 아동 스스로 대인관계 기술을 습득하여 또래관계를 형성할 수 있도록 하는 것이 근본적인 상담적 접근이라고 볼 수 있다. 더군다나 다문화가족 아동의 대인관계의 어려움을 겪는 이유 중에 하나는 다문화가족 아동의 내적인 요인이 있기 때문에 대인관계 기술 습득에 초점을 맞추는 것은 상당히 중요하다. 즉, 다문화가족 아동이 또래에게 적절하게 반응하고 행동하는 친구 사귀기 기술이 부족하고 서툴러서 친구들과 다투게 된다는 것이다. 대인관계 형성에 있어서 다문화가족 아동이 보이는 문제점에 대한 연구(김혜온, 2012; 이재분 외, 2009; 황매향, 김진영, 고홍월, 2010)의 결과를 정리하면 다음과 같다.

- 다문화가족 아동은 한국어 능력 부족으로 의사소통이 서툴고 대인관계에서 소극적인 태도를 보임

- 대인관계 기술을 습득하지 못하여 사회성이 결여됨
- 친구들에게 적절하게 행동하지 못하여 친밀한 교우관계 형성의 어려움
- 감정표현 능력이 부족하고, 다른 사람이 표현하는 감정에 대한 인식 능력이 발달하지 못하여 오해를 자주 일으킴
- 또래를 비롯하여 주변 사람들의 눈치를 많이 봄
- 놀이를 할 때 자신이 알고 있는 규칙을 고집하고 적용하려고 하여 친구들과 다투는 경우가 많음

물론 다문화가족 아동에 대한 선입견과 차별이 다문화가족 아동의 대인관계 문제의 중요한 원인이기는 하지만 다문화가족 아동이 적절한 대인관계 기술을 습득하도록 하는 방안 또한 시급함을 인식하여야 한다.

다문화가족 아동의 대인관계 기술의 습득을 위해서는 개인 상담보다는 집단 상담의 방법을 선택하도록 하며, 한국어 습득도 함께 병행하는 것이 더 효과적일 수 있다. 대인관계 기술 습득을 위한 집단 상담 초기에는 동일한 요구와 문제를 가진 다문화가족 아동들이 모여 의사소통 과정 중에 어떤 오해가 있었는지 함께 탐색하고, 친구의 중요성, 또래 관계의 필요성 등을 알려주어 동기를 높이도록 한다. 이 때 상담자는 다문화가족 아동의 입장이나 생각, 또래로부터 받은 상처 등에 대하여 이해하고 경청하는 태도를 보여주는 것이 중요하다. 사회적으로 위축되어 있는 다문화 가족 아동은 피해 의식이 있기 때문에 문제 행동을 교정해주려는 의도를 적의적인 태도로 오해할 여지가 있으므로 상담 초기에는 적극적으

로 라포를 형성하고 신뢰감을 줄 수 있도록 노력해야 한다. 라포가 형성되면 집단 상담 프로그램을 통해 대인관계 기술, 놀이 규칙, 언어적 표현 등을 즉각적으로 연습해봄으로써 일상생활에서 실천하는데 무리가 없도록 해야 한다.

또래와의 관계에 필요한 기술을 습득하는 것 이외에 학교생활 적응에 필요한 행동 규칙과 지침을 지도해 주는 것도 필요하다. 알림장을 확인해야 한다거나 숙제를 해야 한다는 것에 대한 규칙에 대하여 결혼이주여성인 어머니의 도움을 받지 못하는 경우가 많으므로 다문화가족 아동이 학교생활에 적응하는데 필요한 규칙을 알려주고 지킬 수 있는 연습을 포함하는 것이 바람직하다.

(2) 정서의 통제 및 관리 능력에 대한 상담

오랫동안 대인관계의 문제를 겪어서 감정의 상처가 깊은 경우 폭력적이거나 공격적인 성향으로 드러나는 경우도 발생한다. 또한, 또래로부터 거부당하는 경험으로 인해 외로움을 느끼고 우울과 같은 기분 장애로 심화되는 다문화가족 아동들도 나타나고 있다. 그러므로 다문화가족 아동이 적응적이고 건강한 심신을 가진 사회 구성원으로 성장하기 위해서는 갈등이나 좌절 상황을 극복해 낼 수 있는 능력을 발달시켜 줄 필요가 있다. 즉, 자신이 느끼는 부정적인 정서를 통제하고 적절하게 관리하는 능력을 향상시킴으로써 스트레스 상황을 대처하고 이겨낼 수 있는 상담 프로그램을 실시하는 것이 바람직하다.

정서통제 및 관리 능력 향상을 위해서는 자신이 느끼는 좌절이나 부정적인 정서를 이겨내고 해결하는데 필요한 정서적 지지를 받을 수 있는 사람의 도움을 적극적으로 추구하는 연습이 필요하다. 또래관계에서 거부당하거나 부정적인 정서를 느끼게 되면 자신의 문제로 인식하고 위축되기 보다는 교사, 주변의 어른 등에게 자신에게 발생한 문제를 설명하고 도움을 요청할 수 있는 연습을 실시하는 것이다.

또한, 스트레스 상황이 발생한다고 하더라도 자신의 외모, 다문화적 특성 탓으로 해석하고 체념하려는 사고를 바꾸어 주는 귀인 재훈련 과정도 필요하다. 학습장면에서와 마찬가지로 다문화가족 아동은 대인관계 문제의 원인을 자신에게서 찾는 성향이 자주 발생한다. 그러므로 원인에 대하여 정확하게 생각해 볼 수 있는 귀인 재훈련 프로그램을 통해서 건강한 자아개념을 갖도록 하는 상담적 접근도 실시하는 것이 필요하다.

(3) 집단따돌림 피해에 대한 감정적 치료

다문화가족 아동이 집단따돌림의 피해자로 표면화되면 그 피해 정도나 집단따돌림은 상당히 진전되어 왔다고 볼 수 있으므로 심리적 상처를 치유할 수 있는 상담적 노력이 필요하게 된다. 무엇보다도 우선 다문화가족 아동이 상황이나 피해 정도에 대하여 논리적으로 설명하거나 표현하는데 있어서 미숙하다는 점을 감안하여 구체적으로 질문하여 정확한 사실을 파악하는 것이 중요하다. 이때 상담자는 집단따돌림으로 인해 마음의 상처를 받은 다문화가족 아동의 감정에 충분히 공감과 수용하는 태도와 입장을 가지도록 노력해야 한다.

집단따돌림의 피해자인 다문화가족 아동과의 상담 초기에 무엇보다도 중요한 것은 아동의 마음을 안정시키는 것이다. 앙갚음이나 이후에 더 심한 집단따돌림이 두려워서 자신의 고통에 대해서 아무 말도 못하고 참는 특성을 보이는 다문화가족 아동은 사실에 대하여 알아보기 위하여 질문을 하는 과정에서 추궁을 당하고 있다고 지각할 수 있기 때문이다. 그러므로 상담 초기에는 마음을 안정시키고 상담자로부터 이해와 정서적인 지지를 받고 있다고 생각할 수 있도록 전력을 다하여 다문화가족 아동이 상담자에 대한 신뢰감을 갖도록 해야 한다(김혜온, 2012; 황매향, 김진영, 고홍월, 2010). 사실을 파악하기 위하여 다문화가족 아동에게 질문을 할 때에도 가해자를 찾아내어 처벌하려는 것보다 서로에게 도움이 되는 관계 개선을 위한 방법을 찾기 위해서라는 목적을 분명히 밝히는 것이 필요하다.

다문화가족 아동에게 집단따돌림이 발생했을 때에는 피해자인 다문화가족 아동에게만 상담을 실시하는 것보다 집단따돌림을 주도한 학생에 대한 대처도 함께 병행해야 한다(김혜온, 2012; 황매향 외, 2012). 집단따돌림을 주도한 학생의 일반적인 특징은 상대에 대한 배려의 마음이 부족하거나 공감 능력이 발달하지 않아서 약자를 욕구불만을 해소하는 출구로 여기고 행동하는 경우가 많다는 것이다. 또한, 다문화가족 아동만을 일방적으로 감싸거나 위로하고 가해 학생을 비난하기만 한다거나 벌이 주어지면 오히려 반감이 조장되고 다문화가족 아동이 더 적응하기 어려워질 가능성이 있다는 점을 유의해야 한다.

집단따돌림을 주도한 학생에게도 일대 일 상담을 진행하도록 해야 한다. 집단따돌림을 주도한 학생들도 상담이 필요한 심리적 압

박이나 문제를 경험하고 있거나 욕구 불만이 있어서 그런 행동을 하는 경우도 상당하다는 점을 고려해야 한다. 그러므로 집단따돌림을 주도한 학생의 입장이나 생각, 심리적인 문제 등에 대하여 경청하고 집단따돌림 문제를 해결할 수 있는 방법과 주도한 학생의 바람직한 행동계획을 탐색하는 세우는 과정이 필요하다. 주도한 학생들에게 다른 사람의 입장, 감정, 생각 등을 이해할 수 있는 공감훈련 등을 통해서 다문화가족 아동이 처한 상황과 집단따돌림으로 인해 겪었을 고통에 대하여 인식할 수 있도록 하고, 앞으로 어떻게 행동하는 것이 바람직한지에 대하여 탐색하고 실천하도록 지지하는 과정도 필요하다.

4. 다문화가족 아동상담에서의 심리적 특성 영역

우리나라에 비해서 다문화 사회를 일찍 형성한 미국에서도 다문화가족 자녀들에 대하여 언론이나 심리학 문헌에서 평가절하 되거나 무시되는 것으로 언급되어 왔으며(Root, 1996; Torres, 1998), 다문화가족에 대한 차별과 편견은 다문화가족 자녀의 정체감, 자존감에게 부정적인 역동을 일으키며 주류 문화가 아닌 주변 문화 출신이라고 인식하도록 하여 심리사회적 스트레스의 원인으로 작용하게 되었다(Root, 1991). 뿐만 아니라 '나는 누구인가'에 대한 인식인 자아정체감(identity)에 대한 혼돈을 경험하게 되면서 사회적으로도 부적응적인 삶을 살게 된다는 것이다. 우리나라의 다문화가족 자녀들 역시 별반 다르지 않다. 우리나라에서도 다문화가족과 자녀들에게 대하여 차별과 선입견이 명백하게 존재하며, 그로 인해 다문화가족과 자녀들이 심리적인 문제를 겪고 있다. 다문화가족 자녀들이 건강하고 적응적인 성인으로 성장할 수 있도록 사회적 영향으로 인해서 형성된 그들의 심리적 특성과 갈등을 이해하고 문제를 해결할 수 있는 상담적 접근에 대한 탐색이 필요하다.

1) 다문화가족 아동의 심리적 특성과 갈등

다문화가족 아동은 매우 어린 시기부터 성장하는 과정 중에 사회적 편견과 차별을 인식하게 되고, 자신의 외모, 문화적 배경이 또래들과 다르다는 것을 자각하게 되면서 외로움과 고립감을 경험하게 된다. 학령기 전에는 어렴풋하게 자신이 또래들과 외모가 다르다고 생각하지만, 점차 가족 구성원의 차이를 구별하게 된다. 특히, 결혼이주여성인 어머니의 나라가 경제적 수준이 낮고 후진국에 해당한다는 것을 알게 되면서 어머니와 어머니의 문화에 대하여 자부심보다는 수치심을 느끼고 의기소침해지게 된다. 다문화가족 아동의 심리적 특성과 갈등은 학령기에 접어들면서 더욱 명확하게 드러나게 된다.

첫째, 자아정체감 혼란을 경험하게 된다. 자신이 어떤 사람이며, 어떻게 살아가야 할지에 대한 고민은 아동기와 청소년기를 거치면서 나타나는 자연스러운 발달 현상이다(Erikson, 1950). 그러나 다문화가족 아동이 겪는 정체감에 대한 고민과 혼란은 자연스러운 발달 현상이라기보다는 심리적 부적응 상태일 가능성이 높다(황매향 외, 2012). 아동기에는 일반적으로 또래와의 놀이, 학습 등에서 상호작용을 통해 다른 사람들에게 인정을 받고 의미 있는 관계를 맺으며 주변 환경의 영향을 받으면서 자신에 대한 자아개념과 정체감을 점차 형성해 가는데, 다문화가족 아동들은 다른 사람들로부터 외모에 대한 부정적인 평가를 받으면서 열등감을 느끼고 긍정적이지 않은 경험을 하게 된다(신혜정, 2007). 그래서 정체감에 대한 고민이 시작되는 청소년기가 되기도 전에 또래 관계에서 집단따돌림, 거부 등의 사회적 편견과 차별에 노출되면서 자신의 국적, 외모, 문화적 배경 등에 대하여 부끄러워하고 소외감을 느끼게 된다.

둘째, 문화적응 스트레스를 겪게 된다. 다문화가족 아동과 청소년에게 자신에 대하여 어떤 인식을 하는지 살펴보았을 때, 자신을 한국인과 외국인 모두로 규정하는 경향을 보인다(신혜정, 2007; 정경운, 2007). 다른 국적의 어머니로 인해 이중문화의 가정 배경에서 자라난 다문화가족 아동은 한국의 문화적, 언어적 차이를 접하게 되고, 자신이 이른바 '혼혈'이라는 사실을 인식하게 되면서 정체성 형성에 부정적인 영향을 받아 스스로에 대해서 이중적인 자기규정을 하게 되고, 이로 인해 국가에 대한 소속감과 정체감이 더욱 흔들리게 된다.

이러한 이중문화로 인한 문화적응 스트레스는 다문화가족 아동은 자신의 문화적 배경을 숨기려고 애쓰기도 한다. 또한, 다문화가족 아동과 청소년은 또래관계에서 문제가 발생하게 되면, 귀인을 자신의 피부색, 문화, 언어 등이 다름으로 돌리게 되고, 그러한 문화적 차이의 원인이 결혼이주여성인 어머니에게서 출발했다고 간주하고, 어머니와 극심한 갈등을 겪기도 한다. 이러한 과정 중에서 지나치게 자신의 이중문화 혹은 한국문화를 거부하고 인정하지 않는 모습을 보이기도 하며, 스스로를 가치없는 인간으로 여기기도 한다.

셋째, 정신건강과 심리사회적 적응에 문제가 발생한다. 언어에 대한 선행학습 없이 학교에 들어가게 되는 다문화가족 아동의 경우, 학습장면에서 무수한 실패와 좌절을 경험하게 되고 이러한 반복적 실패가 학습능력 저하와 학습결손으로 이어지면서 자신감을 상실하고 위축감을 느끼게 되며, 학습된 무력감으로 심화될 가능성이 매우 높다. 게다가 집단따돌림, 거부, 놀림 등을 경험하고 또래로부터 소외되면서 우울증과 같은 기분 장애 등의 문제가 발생하기도 한다.

집단따돌림이나 또래의 거부를 경험하지 않았다고 하더라도 자존감이 높은 편은 아니며, 학교생활, 또래관계 형성에도 적극적인 태도를 보이지 않고, 사회적으로 고립된 성향을 보이거나 자신과 비슷한 다문화가족 자녀들과의 관계만을 형성하는 모습이 나타나기도 한다. 또한, 사회적으로 고립된 채 컴퓨터의 과다 사용, 게임중독 등의 문제가 발생하기도 하며, 일반 청소년에 비해서 자살 시도, 자살 충동 경험이 술이나 담배 경험보다 다소 높은 편으로 나타나고 있다(여성가족부, 2010a).

2) 다문화가족 아동의 심리적 특성 상담

다문화가족 아동은 아동기, 청소년기를 거치는 동안 정체감 혼란, 문화적응 스트레스, 정신건강과 심리사회적 적응 문제 등을 겪으면서 일반 아동과 청소년에 비해서 힘든 시기를 보내게 된다. 게다가 정체감 혼란의 문제는 단기간의 상담으로 해결되는 것이 아니라 태어나면서부터 지속적으로 나타난 것이기 때문에 주변의 상당한 조력이 필요로 한다.

(1) 정체감 형성과 문화적응 스트레스 상담

다문화가족 아동의 정체감 혼란과 문화적응 스트레스 문제에 도움을 주기 위해서는 정체감과 더불어 자아존중감을 증진할 수 있는 상담도 병행해야 한다. 자아존중감은 자신에 대해 어떻게 느끼고 있는지, 자신에 대해 올바로 지각하고 있는지에 대한 자아개념으로서 바람직한 삶과 직결되어 있다고 볼 수 있다(정옥분, 2008). 다문화가족 아동의 자아존중감에 대한 연구(신혜정, 2007; 여성가족부, 2010a; 홍진주, 2005)들을 살펴보면, 다문화가족 아동의 상당수가 자아존중감이 낮은 것으로 나타났으며, 자아존중감이 낮은 경우 자기 가치에 대해 회의적, 자신을 무가치하다고 여기고, 자주 불안을 느끼며, 우울하고, 불행하다고 생각하는 것으로 나타났다. 다문화가족 아동의 낮은 자아존중감은 학교생활에도 영향을 미쳐서 학업성적이 낮고 사소한 좌절과 실패에도 자포자기 행동을 보인다고 한다.

이와 같은 다문화가족 아동의 자아존중감을 증진하기 위해서는 다문화가족 아동이 자신의 가치, 강점에 대한 수용, 소속감, 능력감 등에 대하여 성찰해 보는 활동으로 구성되어 있는 상담 프로그램을 실시하는 것이 효과적이다. 높은 자아존중감은 타인의 비난과 차별에 대하여 극복하고 이겨내는 심리적인 회복력을 갖게 하므로, 다문화가족 아동이 건강한 삶을 위해서 자아존중감 증진 프로그램을 적용한 상담을 진행할 필요가 있다.

자아존중감과 함께 다문화가족 아동의 자아정체감 형성을 위한 상담을 실시해야 한다. 다문화가족 아동과 청소년은 이중적인 자기규정으로 인해 국가에 대한 소속감과 정체감의 혼란을 느끼게 되는데, 정체감의 혼재가 장기화될수록 학교와 사회적 적응이 어려워지며, 때로는 인간관계 속에서 공격적이고 폭력적인 행동 성향을 보이거나 우울, 무력감, 중독 행동 등을 나타낼 수 있다.

다문화가족 아동의 정체감과 관련된 문제는 부모의 이중 문화 중 한쪽 문화를 부정하고 수용하지 못함으로써 발생하게 되는 경우가 대부분이다(신혜정, 2007). 그러므로 다문화가족 아동의 정체감 상담은 이중 문화에 대한 수용, 부모에 대한 수용, 그리고 부모로부터 이어진 자신에 대한 수용과 인정을 통해 자신의 정체감에 대하여 받아들일 수 있도록 하는데 초점을 두어야 한다.

다문화가족 아동이 자신의 이중 문화에 대하여 수용하기 위해서는 결혼이주여성인 어머니가 외국인이라는 점과 어머니의 문화에 대하여 부끄러워하는 감정에서 벗어나 긍정적으로 생각할 수 있도록 유도하는 것이 중요하다. 즉, 다문화가족에 대한 사회적 편견과 선입견이 아닌 객관적인 관점에서 어머니의 국가에 대하여 알아보고 이해하는 경험을 제공하는 과정이 필요하다. 예를 들어, 어머니의 출신국에 대한 역사적 배경, 사회적 인물 등에 대한 정보를 살펴보도록 한다.

또한, 어머니가 외국인이기 때문에 갖는 장점에 대하여 생각해보도록 한다. 즉, 어머니의 모국어를 배울 수 있다거나 외국의 특별한 음식을 안다거나 외국에 대한 정보와 지식을 알 수 있다는 등의 장점을 찾아보도록 함으로써 부정적인 감정의 변화를 이끌어 내는 것이 필요하다.

이러한 과정과 개입은 단시간에 진행되는 것이 아니라 지속적이고 장기간의 노력이 필요하다. 다문화가족 아동이 정체감의 혼란을 느끼기 전인 초등학교 저학년 시기부터 상담적 접근을 활용하여 꾸준히 노력해야 하며, 다문화가족 아동뿐만 아니라 일반 아동들을 대상으로 '다름'에 대한 인식을 가질 수 있는 다문화교육도 함께 병행해야 한다.

(2) 정신건강과 심리사회적 적응 문제 상담-긍정 정서 형성

다문화가족 아동은 또래관계에서 집단따돌림, 거부 등을 경험하면서 정신건강과 심리적 기능에서 문제가 발생하고 이것이 전반적인 적응에 부정적인 영향을 미치게 된다. 또한, 학교생활과 학습장면에서 학업성취 부진과 학습 결손 등의 좌절감이 반복되면서 학습된 무력감, 소극적이고 위축된 심리적 태도를 보이게 된다. 이처럼 다문화가족 아동은 어릴 때부터 상당히 많은 좌절과 긴장을 경험하게 되는데, 이를 해소하고 해결할 수 있는 방법에 대해서는 다문화가족 모르는 경우가 대부분인 것으로 나타났다(여성가족부, 2010a).

그러므로 이를 해소하기 위해서 정서표현 방법에 대한 상담적 접근이 필요하다. 다문화가족 아동은 또래에 비해 심한 심리적 불안감을 가지고 있으며, 이러한 심리적 상태가 장기적으로 지속될 때에는 내면화되어 정신 장애로 이어질 수 있기 때문에 어린 시기부터 정서표현 방법을 습득할 수 있고 감정을 해소할 수 있는 상담과정이 필요하다. 예를 들어, 한국어 미숙으로 인해 언어적 한계를 가지고 있는 다문화가족 아동의 경우, 자신의 감정에 대한 충분한 표현이 어려울 수 있으므로 비언어적인 표현방법 즉, 미술, 음악, 행동 등의 방법을 적용하는 상담적 접근이 있다.

또한, 스트레스에 대한 적응적 대처 방법을 익히도록 하는 상담을 실시하는 것도 도움이 된다. 다문화가족 아동들 대부분은 일상생활에서 소극적 태도와 행동을 보이므로 스트레스에 대해서도 울거나 혼자 고민에 빠지는 행동, 신체증상, 우울 등의 소극적 대처행동을 보이는 경우가 대부분이다. 문제에 직면하고 직접 해결하는 인지-행동적 스트레스 대처방식에 대한 상담이 필요하다.

다문화아동가족상담 연습

다문화가족이 증가하는 추세에 비하여 다문화가족의 구성원 즉, 부부, 자녀를 위한 제도나 방안, 상담서비스 등은 상당히 부족한 실정입니다. 언어적인 문제로 인하여 다문화가족의 부모는 자녀의 문제가 발생하더라도 그에 대한 상담과 대처가 어려운 실정입니다. 다음은 다문화가족을 위하여 운영되고 있는 '다누리(http://www.liveinkorea.kr)'에서 운영하는 상담 사례입니다. 다문화가족 아동이 겪게 되는 문제에 대한 어머니의 사연을 잘 읽고 내가 다문화아동가족상담사라면 어떻게 상담하면 좋을 지 생각해 보고, 답해보시기 바랍니다.

1. 다음은 다문화가족의 상담 사례입니다. 잘 읽고 아래의 질문에 답해 보시기 바랍니다.

학교에 가기 싫어하는 우리 아이 어떻게 해야 할까요?

아이가 초등학교에 들어갔는데 학교에 자꾸 가기 싫다고 해요. 아침만 되면 울고 떼를 쓰고 학교가 싫다고 말합니다. 왜 그러냐고 했더니 자기보고 같은 반 아이들이 '혼혈'이라고 하면서 '너희 나라로 가'라고 하고, 잘 놀아주지도 않는대요. 엄마 때문에 힘든 일을 겪는 것 같아 너무 미안합니다. 어떻게 해야 할까요?

■ 위와 같은 이유로 학교가기 싫어하는 다문화가족 아동에 대한 상담을 의뢰받았다면, 어떤 방법으로 상담을 진행하는 것이 좋은 지 적어보도록 합시다.

____

____

____

____

◐ 주요 핵심내용 정리 ◑

1. 다문화가족 아동을 위한 상담적 접근

- 다문화가족 아동상담에서는 다양한 문화가 있으므로 상담자는 자신과 내담자의 문화가치와 생활양식의 차이를 민감하게 인식하고, 상담자 자신의 문화가 내담자의 문제해결에 좋지 않은 영향을 미치지 않도록 조심해야 합니다.

2. 다문화가족 아동상담의 학교관련 영역

- 다문화가족 아동은 언어능력의 부족으로 교과학습에서 어려움을 경험하면서 수업시간이 지루하고 흥미가 떨어지고, 학습동기가 저하되며, 심각한 경우 학습장애가 발생하기도 합니다.
- 다문화가족 아동상담에서 학교상담 영역에서 주로 다루는 내용은 기초언어지도와 안내, 교과별 공부법에 대한 지도와 안내, 학습동기 향상 상담, 학습장애 개선 상담입니다.
- 다문화가족 아동에게 무엇보다 이중 문화의 경험에 대한 자부심을 갖게 하는 것이 중요하며, 기본학습능력 수준에 대한 진단과 지도과 함께 학습동기 증진 상담과 매체를 활용한 한국어 지도 활용을 통해서 학교 문제를 해결할 수 있도록 도와주어야 합니다.

3. 다문화가족 아동상담의 대인관계 영역

- 다문화가족의 많은 자녀가 원만한 또래관계를 형성하지 못하고 집단따돌림, 거부, 학교폭력을 경험하는 사례도 증가하고 있는 실정입니다. 원만하지 못한 대인관계의 이유는 다문화가족 아동의 개인적 특성에 있는 것이 아니라 외모, 행동 등에 대한 선입견 및 사회적 편견 때문입니다.
- 원만하지 못한 대인관계로 인해 나타나는 문제는 외현화된 행동문제와 내면화된 행동문제가 발생합니다.
- 다문화가족 아동의 대인관계 상담영역은 대인관계 기술 습득에 대한 상담, 정서의 통제 및 관리 능력에 대한 상담, 집단따돌림 피해에 대한 감정적 치료가 있습니다.
- 다문화가족 아동에게 발생하는 대인관계 문제는 집단따돌림, 또래로부터 거부, 학교폭력 문제이며, 교사의 눈길이 미치지 않는 곳에서 이루어지는데 무엇보다 집단따돌림 등이 문제로 표면화되면 상당히 진전된 상태이므로 심리적 상처를 치유할 수 있는 상담적 노력이 상당히 필요합니다.

4. 다문화가족 아동상담의 심리적 특성 영역

- 다문화가족 아동과 청소년의 경우 자신을 한국인과 외국인 모두로 규정하는 이중적인 자기규정이 나타나며, 다른 국적의 어머니로 인해 한국과 다른 문화를 접하게 되면서 문화적, 언어적 차이와 자신이 혼혈이라는 사실을 인식하게 되면서 정체성 형성에 부정적인 영향을 미칩니다. 이로 인해 여러 가지 정서적 문제를 경험하게 되고 중독행동을 보이기도

합니다.

- 다문화가족 아동의 심리적 특성 상담의 내용은 문화적응 스트레스 대처 상담, 정체감 형성 훈련 프로그램 및 상담 프로그램, 긍정적 정서 형성 상담, 중독 치료 상담이 있습니다.
- 다문화가족 아동은 또래관계에서 집단따돌림, 거부 등을 경험하면서 자신의 국적에 대한 부정적 감정과 소외감을 느끼고, 학업성취 부진 등으로 인한 좌절감이 반복되면서 학습된 무력감, 소극적 태도를 보입니다. 그러므로 이를 해소하기 위해서 정서표현 방법에 대한 상담적 접근이 필요합니다.
- 다문화가족 아동들 대부분은 일상생활에서 소극적 태도와 행동을 보이므로 스트레스에 대해서도 울거나 혼자 고민에 빠지는 행동, 신체증상, 우울 등의 소극적 대처 행동을 보입니다. 문제에 직면하고 직접 해결하는 인지-행동적 스트레스 대처방식에 대한 상담이 필요합니다.
- 또한, 다문화가족 아동에게 자아존중감 증진 프로그램 및 활동을 적용하는 상담방법과 자아정체감 프로그램을 통해서 정서적인 안정을 유지해 주는 것이 중요합니다

5

다문화가족의 부부 및 부모-자녀의 이해

5장 다문화가족의 부부 및 부모-자녀의 이해

생각해보기

인간이라면 누구나 배움과 발전의 욕구가 있을 것입니다. 다문화가정의 결혼이주여성도 마찬가지입니다. 전혀 다른 문화 속에서 익숙하지 못한 음식과 언어로 생활하면서도 다문화가족의 결혼이주여성들은 가정 경제와 자녀 양육에 조금이라도 도움을 주고자 하는 바람이 상당하다고 합니다.

최근 이러한 다문화가족의 결혼이주여성을 위하여 언어 지원뿐만 아니라 문화적응, 취업준비 등을 학습할 수 있는 프로그램들이 만들어지고 있습니다. 그 예로 고창군 대성농협에서는 다문화가족의 결혼이주여성을 대상으로 '다문화 여성대학'을 설치하여 다문화가정 여성들의 적응과 정착을 지원하고 있습니다. 이 프로그램에서는 17명의 다문화가정의 결혼이주여성이 참여해 하루 3시간씩 한국어 초급·중급과정, 전통예절시간, 한방백숙 만들기, 송편 만들기, 피부 마사지 등 과정을 이수하여 한국문화 이해에 도움이 되는 유익한 시간을 가졌습니다. 또한 이번 수료생 중 2명에게는 대성농협 유통센터 등에 취업을 알선하여 가정에서나 사회에서 결혼이주여성의 본보기가 될 진정한 여성 지도자로서 살 수 있는 계기를 만들어 주었습니다. 다문화가족 결혼이주여성들이 한국인으로서 건강하고 적응적으로 살아갈 수 있는 활동이 점차 확대될 필요가 있을 것입니다.

출처: http://www.dmcnews.kr/xe/3528

1. 결혼이주여성의 결혼적응에 영향을 미치는 요인

국제결혼이나 해외 취업 등으로 인해 나타나는 국제적인 이주현상은 이제 일반적인 모습이 되어가고 있지만, 이로 인해 상당히 복합적이고 복잡한 문제가 발생하고 있다. 즉, 국제적인 이주는 개인의 선택이지만, 다른 문화권에 정착하면서 나타나는 문제는 문화적, 경제적, 사회적 측면을 포괄하고 있으며, 개인이 사회에 통합하는 과정에 대한 논란이 끊임없이 발생하고 있는 것이다(김영란, 2006). 국제이주자의 경우, 더 나은 삶과 미래를 위하여 정치, 경제, 종교, 결혼, 학업 등의 방법으로 이주를 결정하지만, 처음 기대와 달리 경제적인 어려움, 의사소통의 부재, 불안정한 신분 등의 현실과 직면하게 된다. 자신이 태어나고 성장한 문화권과 완전히 다른 문화로의 적응 과정은 스트레스를 일으키며, 다양한 정신건강의 문제와 위험에 노출하게 되는 것이다(국가인권위원회, 2008).

이러한 문화적응과정은 사회문화적 차원의 적응과 심리적 차원의 적응을 포함한다. 사회문화적 차원의 적응은 새로운 문화적 환경에서 생활하기 위해서 필요한 기술을 획득하는 것을 말하며, 심리적 차원의 적응은 정서적 반응, 정신건강, 삶의 만족도, 스트레스 대처 등을 의미하는 것이다(김혜온, 2012).

우리나라 다문화가족의 결혼이주여성이 한국에서 정착하고 적응하는 과정에 대한 연구(고은주, 2009; 공수연, 2009; 김나영, 2007; 서진현, 2011)들을 살펴보면, 우리나라 다문화가족의 부부갈등과 결혼적응의 특성에 대하여 일반화하여 단정할 수 없지만, 부부갈등을 초래하고 결혼적응을 좌우하는 요인으로서 가치관 특성, 상호관계 특성, 문화적응태도 특성으로 구분하여 설명할 수 있다. 이제부터 세 가지 특성의 내용과 부부갈등, 결혼적응과의 관련성에 대하여 살펴보도록 하겠다.

1) 가치관 특성

가치관은 인간의 행동과 사고를 결정하게 만드는 신념으로서 오랜 시간동안 개인의 경험이 축적되어 형성되는 것이다. 또한, 가치관은 사람으로 하여금 어떤 행동을 일으키게 만드는 심리적인 특성이라고 말할 수 있으며, 행동의 방향을 결정해주고 나아가 만족감이나 행복, 불행의 판단과 관계되기 때문에 모든 상황에서 매우 중요하다고 말할 수 있다.

한 개인의 가치관 특성은 일상의 여러 장면에서도 그래도 드러나며, 결혼생활 역시 예외는 아니다. 결혼이주여성 역시 가치관을 가지고 있으며, 국제결혼을 하여 한국에 정착하는 가족을 구성하여 생활하는 결혼적응 과정에도 영향을 미친다. 가족 내에서 결혼생활을 하는데 중요하게 작용하는 가치관은 결혼에 대한 가치, 신념, 목표 등을 의미하는 결혼관, 남성 혹은 여성으로서의 역할에 대한 성역할관, 가족주의 상호관계에 대한 가치관 등으로 구분해 볼 수 있다. 이러한 가치관은 결혼생활에 그대로 반영되어 남편 혹은 아내로서의 행동 방향을 결정하기 때문에 중요하다고 말할 수 있으며, 특히 서로 다른 문화를 배경으로 하는 국제결혼가정의 부부에게는 결혼생활의 만족도에 영향을 줄 수 있는 중요한 요인이라고 말할 수 있다.

결혼관은 결혼 및 배우자 선택에 대해 개인이 지향하는 가치관을 말하는 것으로서 배우자를 선택하고 결혼의 과정, 결혼생활 전반에 지대한 영향을 미치는 요인이라고 말할 수 있다. 서로 배우자 선택의 가치 기준, 결혼생활에서 가장 우선시하는 가치 등이 상이하거나 충돌할 경우에는 결혼생활 자체에 영향을 미칠 수 있을뿐더러 결혼의 지속 여부를 좌우할 수도 있다.

성역할관은 주로 사회적 성에 대해서 적합하다고 여기는 생각과 행동에 대한 인식을 말하는 것으로서 국제결혼으로 한국에 온 결혼이주여성들의 경우, 서구와 사회주의 영향으로 자신의 개척하려는 진보적인 성역할을 가지고 경제활동을 하려고 하는 적극적이고 진취적인 성역할을 가지고 있는 것으로 알려져 있다(김인철, 2008; 김정혜, 2009; 박은진, 2007). 반면에, 국제결혼가정의 많은 한국인 남편들은 기존의 전통적인 성역할관을 가지고 있기 때문에 결혼이주여성인 아내가 경제 활동을 하며 전통적인 성역할보다는 사회생활을 통해 진보적인 성역할을 하는 것에 대해 위기의식을 느낀다고 한다(설동훈 외, 2006). 이와 같은 배우자간 성역할관의 차이는 결혼생활 전반에서 갈등을 조성할 가능성이 있으며, 전통적인 성역할을 강요하거나 억압할 경우, 결혼이주여성의 결혼적응에 어려움이 따르게 된다.

가족주의 상호관계는 우리 사회에 오랫동안 지속되어 온 인간관계의 규범으로 가족을 다른 집단이나 개인보다 우선시하고, 부계 가족원리를 근본으로 하는 것을 의미한다. 우리나라는 유교의 영향으로 과거부터 가부장적인 가치관을 고수하고 있는 경우가 있으며, 특히, 가치관의 변화에 경계의 태도를 보이는 농촌사회는 이러한 가족주의 상호관계를 고수하고 있다. 그래서 농촌 사회의 국제결혼가정에서는 한국인 남편의 가치관을 강조하고 결혼이주여성이 가지고 있는 가치관이나 삶의 태도와 관계없이 남편의 가치관에 동화되고 따르기를 원하게 된다. 이와 같은 우리 사회의 문화의식과 전통가치관 특성이 부부의 결혼적응에 상당한 영향을 미치며, 가족 특히, 부모에 대한 무조건적인 효심과 돌봄을 강조하는 경향까지 띠게 된다(한재희, 2012).

2) 상호관계 특성

상호관계 특성은 부부간에 실제적인 영향력을 행사하며 배우자와 합의에 도달할 수 있는 의사소통을 의미하며, 부부간의 욕구에 의해서 발생되는 부부갈등의 해소에 결정적인 영향을 미칠 수 있는 요인이라고 말할 수 있다. 서로 다른 문화적 배경은 물론 언어, 비언어적 표현 등을 가진 다문화가족 간의 상호작용은 결국 의사소통의 상황이라고 말할 수 있다(김혜온, 2012). 의사소통은 언어적 · 비언어적 상호작용에 의해 의미를 수렴하는 과정이기 때문에 문화, 언어, 삶의 양식과 표현이 다른 배경을 가진 사람들이 자신만의 의사소통 방식만을 고집한다면, 건설적인 관계로 발전하기는 불가능하다고 볼 수 있다.

우리나라 다문화가족이 직면할 수 있는 상호관계 특성의 어려움을 살펴보면, 의사소통을 하기 위한 수단인 공통된 언어가 부족한 다문화가정은 서로간의 생각이나 느낌을 주고받는데 어려움이 있다는 것이다. 결혼이주여성이 한국어를 습득하지 못했거나 한국에서의 적응과정 중에서 한국어를 배울만한 기회나 의욕이 없다면 부부관계에서의 상호작용은 물론이고, 시부모를 비롯한 가족 내에서의 의사소통과 지역사회에서의 의사소통이 불가능해진다. 마찬가지로 한국인 남편이 결혼이주여성의 모국어 및 문화에 대한 이해와 습득의 노력을 보이지 않는다면 결혼생활에서 발생하는 문제와 갈등을 조정하기는 불가능해진다.

상호작용과 의사소통에서 더 어려운 것은 단순히 말이 통하지 않는다는 언어적 차원만이 아니라 비언어적인 의사소통 방법과 관련되어 있다. 어휘, 문법, 문장의 표현 등은 언어, 문화마다 다르기 때문에 언어를 통해 결혼생활에서 발생하는 문제와 갈등을 원만하게 해결하는 데에는 어느 정도 한계가 있기 마련이다.

그렇지만, 언어적인 의사소통 보다 더 오해의 소지가 있는 것은 바로 비언어적인 의사소통 방법이다. 비언어적인 의사소통 방법은 얼굴표정, 목소리, 억양, 몸짓 등과 같이 비언어적인 통로로 자신의 생각이나 의사, 감정 등을 표현하는 것을 말하는데, 이와 같은 비언어적인 의사소통 방법은 자신이 태어나고 주요한 발달 시기 동안 함께 보낸 가족으로부터 학습해 온 의사소통과 관련된 규칙들을 의미한다. 가령, 2011년 일본에서 발생한 대지진으로 엄청난 참사가 발생했음에도 불구하고, 일본 사람들의 냉정하고 무표정한 모습에 대하여 많은 국가의 언론에서는 정확하게 이해하지 못하는 것으로 보였다. 이러한 모습은 어려서부터 감정을 드러내지 않도록 훈련받은 일본인의 행동양식으로 해석하면서 문화적 차이를 보여준 단적인 사례로 인용되고 있다(김혜온, 2012).

마찬가지로 우리나라 다문화가족 내에서도 같은 상황이 발생할 수 있다. 문화에 따라 어른들의 눈을 빤히 쳐다보는 행동양식을 가진 결혼이주여성은 상대방의 눈을 마주치고 대화하는 것을 무례하다는 생각하는 한국인 남편은 서로에 대하여 당황하고 오해할 수 있는 것이다. 더군다나 우리나라와 같이 한민족, 배달민족이라는 명칭 하에 동질적인 문화를 오랜 시간 동안 유지해온 경우에는 암묵적 표현 즉, 특별히 겉으로 드러내지 않더라도 상대방의 의사, 생각, 감정 등을 이해할 수 있고 유추가 가능한 매우 높은 수준의 맥락적 의사소통 방법을 사용하기 때문에 결혼이주여성은 부부 사이의 의사소통에서 더욱 어려움을 느끼게 된다(유명기, 1997).

이처럼 언어적, 비언어적인 의사소통 방법을 통한 상호작용 특성은 문화에 따라 차이가 크게 나타나며, 다문화가족의 부부 간에 이루어지는 의사소통 방법의 차이가 상이하고 거리가 좁혀지지 않을수록 오해와 갈등은 더욱 심화되는 것으로 나타났다(김혜온, 2012).

3) 문화적응 태도

대부분의 결혼이주여성과 같이 전혀 다른 문화권으로 옮겨와 새로운 삶을 시작해야 하는 경우에는 문화적응 충격이나 스트레스를 경험하게 된다. 이러한 스트레스의 수준은 개인에 따라 다를 수 있지만, 개인이 대처하고 처리할 수 있는 범위와 한계를 넘어설 때 우울, 불안과 같은 정신건강사의 문제가 발생하는 것으로 알려져 있다. 결혼이주여성은 낯선 환경 속에서 새로운 문화에 적응하고자 하지만, 그 과정 속에서 심리적으로 스트레스를 경험하고(김이선, 2007; 윤형숙, 2004; 한국여성개발원, 2006), 시부모와 남편과의 갈등, 자녀와의 갈등, 인격에 대한 무시, 가정폭력, 비인간적 처우 등의 문제도 경험하게 된다(김선아, 2007; 임정미, 2011). 결혼이주여성이 경험하는 스트레스와 다양한 어려움은 자신뿐만 아니라 가족, 사회에까지 상당한 영향을 미치기 때문에 문화적응 과정 중에서 발생하는 상황에 대하여 어떤 마음가짐과 심리적 · 행동적 태도를 지니는가는 적응에의 성공을 결정하게 되는 것이다.

결혼이주여성이 정착 과정에서 보여주는 새로운 문화에 대한 적응의 노력만큼 배우자인 한국인 남편의 결혼이주여성에 대한 태도, 자신의 문화에 대한 태도, 결혼이주여성 국가와 문화에 대한 부정적 편견, 적대감, 차별 의식 등도 결혼이주여성의 문화적응 여부에 결정적인 역할을 한다.

이처럼 문화적 근원과 배경이 다른 사람들 간의 지속적이고 직접적인 접촉의 결과로 일어나는 변화를 문화적응태도라고 일컫을 수 있으며, 문화적응태도는 상호작용하는 두 집단 즉, 다문화가족의 결혼이주여성과 한국인 배우자 모두에게 적용되는 개념이다.

(1) 결혼이주여성의 문화적응태도

문화적응태도에는 두 가지 즉, 자신의 기존 문화적 가치와 특성을 유지할 것인가와 주류사회와의 관계유지를 위해 새로운 문화를 받아들일 것인가의 문제로 구분할 수 있다. 다문화가족의 부부는 결혼이전까지 경험하고 내면화했던 자신의 문화와는 다른 문화를 접촉했을 때 상대방의 문화에 대한 비현실적인 기대뿐만 아니라 이해의 부족으로 인해 발생하는 문화적 충격을 겪게 된다. 더욱이 결혼이주여성의 경우 자신이 태어나고 성장한 국가와 가족으로부터 떨어져 한국에 정착하면서 친밀한 지지기반이 약화됨으로써 자신의 행동과 결정을 평가할 수 있는 정보획득이 어려워지게 된다. 정보 획득이 어려워지면서 환경에 대한 통제의 어려움을 느끼게 되고, 이 과정에서 불안과 우울 등이 발생하면서 심리적 건강을 위협받게 되어 새로운 문화에 부적응이라는 결과를 초래하게 되는 것이다.

이를 입증하는 연구는 이미 국제결혼으로 형성된 다문화가족의 문제와 어려움을 사회적으로 당면해 온 미국에서 활발히 진행되었다. Cocharan과 Brassard(1979)는 이주민의 문화부적응이 사회적 관계망의 부재로 인해 발생하게 된다고 주장하였는데, 사회적 관계망은 가족 이외에 정서적 또는 물질적 성격의 활동과 교환에 참여하는 가족 이외의 사람들을 말하며, 친척, 이웃, 친구, 동료 등이 포함되는 것이다. 사회적 관계망을 통해 자녀양육에서 발생하는 여러 가지 문제와 선택의 과정 즉, 어떻게 양육할 것인지, 자녀의 교육 기관을 선정하는 기준은 무엇인지, 부모의 역할 수행은 어떻게 할 것인지에 대한 정보를 습득하고 정서적으로 때로는 물질적으로 지지와 지원을 받을 수 있게 된다.

결혼이주여성의 경우에는 결혼을 하게 됨과 동시에 자신의 사회적 관계망과 완전히 분리되어 새로운 문화에 정착하게 되면서 사회적 관계망이 제대로 형성되지 못하고, 적극적으로 지원, 지지해 줄 수 있는 친정 가족들의 부재 등으로 인해 심각한 스트레스와 불안을 경험하는 것으로 나타났다(김혜온, 2012). 결혼이주여성이 이주 국가에 정착하면서 새로운 사회적 관계망을 형성한다고 하더라도 이로 인해 스트레스를 경험하기도 한다(Belle, 1982). 이는 사회적 관계망이 지원적이기만 한 것이 아니라 부정적인 정서를 유발하고 양육행동에 영향을 주기 때문인데, 결혼이주여성처럼 폭넓은 대인관계를 맺기 어렵고 남편과 시댁 가족들을 제외한 다른 사회적 관계망을 형성하기가 어려운 경우에는 자신이 가지고 있는 사회적 연결망의 영향력과 통제력은 더욱 강력해져서 이로 인해 오히려 스트레스를 유발하게 되는 것이다.

그러므로 우리나라의 결혼이주여성이 새로운 문화에 적응하기 위해서는 자신과 유사한 상황을 겪고 있는 결혼이주여성들과 사회적 관계망을 형성하면서 상호적으로 심리적·정서적인 지지와 함께 양육기술과 정보를 교환하는 동시에 한국 문화에 적응할 수 있는 방법을 모색할 수 있는 기회를 경험하고 유지하는 것이 상당히 중요하다.

실제로 결혼이주여성이 사회적 참여와 지지를 얻을 수 있는 사회적 관계망이 없을 때 새로운 문화에서 분리되거나 주변인의 삶을 살면서 결국 문화 부적응을 초래하게 된다고 한다(설동훈, 2005). 그러므로 결혼이주여성의 문화적응을 위해서는 결혼이주여성이 사회적 관계망을 적극적으로 형성하고자 하는 태도와 함께 결혼이주여성에게 폭넓은 사회적 관계망을 형성할 수 있는 기회를 제도적으로 마련해주는 방안도 마련되어야 한다.

(2) 한국인 남편과 가족의 문화적응태도

우리 사회와 한국인 남편의 문화적응태도 역시 결혼이주여성의 문화적응에 영향을 주는 요인이라고 할 수 있다. 우리 사회는 전통적으로 이주여성이 짧은 기간 동안 일방적으로 동화되는 것을 당연하게 받아들이며, 결혼이주여성의 문화, 언어, 생활양식과 상관없이 시부모와 함께 살기, 음식, 한국어 등의 한국 문화를 그대로 받아들이고 순응할 것을 강요한다. 또한, 결혼이주여성이 한국의 문화와 생활양식에 맞추어 시부모를 비롯한 시댁 식구와 남편에게 알아서 행동할 것을 암묵적으로 기대하고 이를 따르고 받아들이지 않을 경우에는 못마땅하게 생각하고 갈등이 발생하게 되는 것이다.

게다가 한국인 남편들은 자신이 한국의 결혼시장에서 '외면 받았다'는 열등감과 자격지심을 갖고 있기 쉽기 때문에 외국인 배우자가 한국말을 알아듣지 못하는 것이 당연하다는 생각보다는 배우자의 출신 국가가 가난하고 미개해서 한국어를 알아듣지 못한다고 생각하며 무시하는 태도를 보이기도 한다(김혜온, 2012). 이와 같은 한국인 남편과 시댁 식구들의 일방적인 태도는 결혼이주여성 아내들이 한국에서 결혼생활과 부부관계를 건강하게 맺고 적응하는데 어려움을 겪게 하는 결과를 초래하게 되는 것이다.

때로는 다문화가족의 한국인 남편과 시댁 가족이 결혼생활 초반에 결혼이주여성인 아내가 한국어 정착하는 동안 한국어 능력이 미숙하여 의사소통의 어려움이 있으며, 생활양식을 비롯한 문화적 차이가 있다는 것을 인정하지만, 결혼이주여성이 빠른 속도로 문화적응과 한국어 습득을 하지 않는 것처럼 생각하고 부부 및 가족 간의 갈등이 발생하기도 한다.

결혼이주여성의 문화적응에 영향을 미치는 한국인 남편과 가족의 근본적인 태도는 사회의 의식 전반에 깔려있는 차별주의이다(하 밍 타잉, 2005). 한국인과 한국 사회에는 타 문화에 대한 배타적 의식과 단일민족사상이 뿌리 깊게 자리 잡고 있어서 이주민에 대하여 차별적인 태도를 보이고 있다. 특히, 우리나라 사람들은 외국인이 동료, 이웃, 친구로서는 배타적이지 않은 정서적 호감도를 보이는 반면에 결혼 상대, 가족과 같이 가장 밀접하고 가까운 관계로서 외국인을 인식할 때에는 호감도와 관대함이 현저하게 감소하는 것으로 나타났다(황정미, 2007). 이와 같은 결혼이주여성에 대한 우리 사회의 전반적인 문화적 차별 의식과 편견이라는 태도는 결혼이주여성이 다문화가족과 지역 사회 내에 적응하는데 여러 가지 장애물로 작용하는 것으로 볼 수 있다. 그러므로 결혼이주여성을 대상으로만 한국의 문화, 언어, 생활양식에 동화되고 적응하도록 지원하는 체제에서 벗어나 한국인의 결혼이주여성에 대한 문화적응태도의 변화와 함께 의식 전환의 노력이 필요하다고 볼 수 있다.

문화적 갈등은 국제 결혼한 다문화가정의 부부에게 있어서 가장 큰 어려움으로 작용하고 있다. 또한, 문화적응의 과정은 옮겨 간 소수 사람들만의 문제가 아니라 새로운 개인과 집단을 받아들인 사람들 역시 경험하는 문제라는 점을 이해하면서 상호적으로 문화적응 과정에서 발생하는 어려움을 잘 극복하려는 의지와 노력이 요구된다고 말할 수 있다.

4) 기타 요인

결혼이주여성이 다문화가족을 형성하고 결혼생활과 문화에 적응하는 과정에 영향을 미치는 기타 요인으로 경제적인 요인, 사회적 편견, 가정폭력 특성이 있다. 이러한 요인들은 결혼 적응에 영향을 미칠 뿐만 아니라 결혼이주여성의 인권침해를 일으키는 원인이라고도 볼 수 있다.

(1) 경제적 요인

최근 지역별 국제결혼 분포를 살펴보면, 대부분의 국제결혼가정은 도시 지역보다 농어촌 중심으로 정착하고 있는 것으로 나타나 있다(통계청, 2010). 도농별 외국인과의 혼인건수를 나타내면 <표 5-1>과 같다.

<표 5-1> 도농별 외국인과의 혼인

	2009			2010		
	혼인 건수 (A)	한국남성 + 외국여성 (B)	비중 (B/A)	혼인 건수 (A)	한국남성 + 외국여성 (B)	비중 (B/A)
전국	309,759	25,142	8.1	326,104	26,274	8.1
동 지역	248,050	17,846	7.2	261,077	18,605	7.1
읍면 지역	52,918	6,839	12.9	56,502	7,219	12.8

<표 5-1>에서 제시된 바와 같이 한국 남성과 외국 여성의 국제결혼 분포를 보면, 도시 지역에 해당하는 동 지역의 국제결혼 비중은 2009년은 7.2%, 2010년은 7.1%이지만, 농어촌에 해당하는 읍면 지역의 국제결혼 비중은 2009년은 12.9%, 2010년은 12.8%로 농어촌 비중이 도시 지역의 비중보다 훨씬 높다고 할 수 있다.

특히, 많은 농어촌의 국제결혼가정은 대단히 열악한 경제적 여건에 처해 있으며, 다문화가정 과반수가 정부의 기초생활수급비에 의존하여 생활하는 심각한 빈곤 문제에 직면해 있다.

국제결혼중개업체에서 제공하는 잘못된 정보를 가지고 있거나 한류 문화를 접하고 한국에 대한 막연한 기대와 환상을 가지고 국제결혼을 선택한 다수의 결혼이주여성들이 한국에 정착하자마자 빈곤과 경제적 어려움에 직면하게 되고 기본적 주거 및 식생활을 제대로 영위하지 못하고 있을 정도로 심각한 빈곤문제에 처하게 되는 것으로 알려져 있다(홍기혜, 2000). 빈곤의 문제는 결혼이주여성뿐만 아니라 다문화가족 특히, 자녀양육에 치명적인 영향을 미치게 된다. 빈곤을 해결하고자 경제활동을 선택하는 결혼이주여성의 경우 자녀를 제대로 양육하고 돌보아주지 못하여 다문화가족의 자녀가 발달지체나 발달장애를 겪게 되기도 하며, 자녀가 성장하는데 필요한 경제적 지원을 제공하지 못해서 치명적인 영향을 미치기도 한다.

(2) 사회적 편견

단일민족이라는 용어를 고수해 온 우리나라는 순혈주의를 중시하는 풍토로 인해 결혼이주여성에 대하여 선입견과 편견을 갖고 있으며, 결혼이주여성에 대한 태도나 행동에서 차별을 드러내면서 그들의 정착 과정을 방해하고 어려움을 주는 것으로 알려져 있다(김혜온, 2012). 선입견은 한 집단의 특성, 행동양식, 가치관에 대한 신념으로서 그 집단에 속한 사람은 어떤 특성을 가지고 있을 것이라고 가정하고 단정짓는 것이다. 예컨대, 중국 사람에 대해서 '꿍꿍이가 있다', '돈을 밝힌다'라고 과잉일반화하는 것을 말한다.

편견은 일정 집단에 대한 감정적인 측면을 강조하는 개념으로서 한 개인이 일정 집단의 일원이라는 이유만으로 폄하하고 무시하는 태도를 보이거나 적대적이고 차별적인 행동을 드러내는 것을 말한다. 편견은 감정적인 요소를 담고 있기 때문에 한 개인의 인격과 인권을 판단하고 가치를 부여하기 때문에 더욱 심각하다고 말할 수 있다. 예컨대, 피부색에 따라 머리가 좋다거나 도덕적이라거나 청결하다는 식의 생각은 단지 한 개인에 대한 생각에 그치는 것이 아니라 인종 차별적 태도로 이어지기 때문에 더욱 심각하다고 말할 수 있다.

이러한 선입견과 편견은 우리나라 고유의 가부장적 가족주의와 우리주의(We-ness)로 인해 형성된 것으로 볼 수 있다(한재희, 2012). 즉, 한국은 전통적으로 '우리'와 '우리가 아닌 남'으로 구분하는 정신적 잣대를 가지고 타인을 판단하고 구분한다고 볼 수 있다. 이와 같은 이분법적 판단 기준은 '내부 집단', 혹은 '외부 집단'으로 구분하여 내부 집단에서는 외부 집단에 대하여 배타적인 태도를 갖는 문화적 속성을 보이게 된다(최준식, 2000).

특히, 결혼이주여성에 대해서 가족으로서 바라보기 보다는 외부인으로 인식하는 사회적 선입견과 편견이 고착되어 있어 결혼이주여성이 적응하고 지역사회에 동화되어 살아가는데 어려움을 주게 되는 것이다.

(3) 가정폭력특성

국제결혼가정의 문제는 단순히 출신 국가와 문화적 차이로 인해 문제가 발생한다기보다는 국가 경제력의 차이로 인해 발생되는 경우도 있다. 보다 정확하게 표현하자면, 출신 국가의 국가 경제력에 대한 한 개인의 심리적인 인식으로 인해 다문화가족 내의 부부와 가족 간의 어려움이 발생하게 되는 것이다.

실제로 국제결혼가정의 결혼이주여성의 학력을 살펴보았을 때, 베트남, 캄보디아 결혼이주여성을 제외하고는 부부간 학력수준이 유사하거나 결혼이주여성의 학력이 오히려 한국인 남편보다 높은 경우가 상당수에 이르는 것으로 나타났다(설동훈 외, 2006). 이처럼 국제결혼가정의 결혼이주여성이 개인적인 차원에서 수준이 높은 경우가 많은데도 불구하고 한국보다 경제력이 낮은 국가 출신이라는 인식이 내면화되어 자격지심과 심리적인 위축감을 느끼게 되고(정경운, 2007), 한국인 남편도 결혼이 성립되는 과정에서 불법 브로커나 국제결혼중개업체에 소개비를 지불하고 결혼이주여성을 '샀다'는 잘못된 의식이 자리 잡으면서 결혼이주여성을 자신의 소유물로 생각하기도 하였다.

이처럼 국가 간의 경제적 불평등에 대한 잘못된 인식은 국제결혼가정의 부부관계에 영향을 미치게 되며, 부부관계를 마치 준 계급 관계로 간주하기도 하고, 시부모와 같은 가족 내에서도 결혼이주여성을 하위계층으로 생각하고 무시하는 잘못된 행동으로 나타나기도 하였다.

잘못된 인식은 결혼이주여성에 대한 학대와 폭력으로 드러나게 되며, 심한 경우 결혼이주여성의 우울, 무기력, 사회적 편견 등에도 노출되는 것으로 지적되었다(양철호 외, 2003; 충남여성정책개발원, 2003). 또한, 폭행 이외에 학대 경험으로 생활비나 용돈을 받지 못하거나 외출금지, 의처증, 결혼이주여성의 본국으로 송금 금지, 신분증 뺏기 등으로 나타나기도 하였다(이순형 외, 2006). 그러나 가정폭력과 학대에 대하여 경찰에 신고한 사람은 10% 수준에 불과하며, 대부분의 결혼이주여성은 부당한 대우와 고통을 감내하고 있는 것으로 나타났다.

부부 간에 발생하는 갈등의 특성은 인간 활동의 총체적 과정과 결과로서 자연적이고 원초적인 것을 개량 내지 연단하는 활동이며, 선천적으로 타고나거나 유전되는 것이 아니라 학습되어지는 것임을 잊지 말아야 하며, 국제결혼의 부부도 마찬가지로 상호간의 인식 변화와 노력이 절실하다고 말할 수 있다.

2. 다문화가정의 부부갈등 구조

1) 결혼 이전 배우자 선택과정

남성과 여성이 만나 결혼이 성립되는 과정에서 가장 핵심적이고도 결정적인 부분이 바로 배우자를 선택하는 과정이다. 국제결혼의 경우, 국내결혼과 달리 배우자를 선택하는 조건이나 과정에 있어서 많은 차이점을 보이는 것으로 알려져 있다(윤형숙, 2004). 베트남을 비롯한 동남아시아의 결혼이주여성들은 공식적인 절차보다는 결혼중개업체를 통해 배우자와 맞선을 보고 결혼을 결정함으로써 한국인 남성에 대한 정확한 정보를 알고 교감을 형성하는 과정이 생략되어 있다. 이와 같은 선택의 과정으로 인해 결혼이주여성은 한국에 정착해서야 배우자에 대한 정확한 정보를 알게 되고, 갈등이 발생되는 경우도 상당한 것으로 알려져 있다.

국제결혼을 하는 한국인 남성 역시 결혼이주여성인 배우자에 대하여 제대로 파악하지 못하고 선입견을 가지고 배우자를 선택함으로써 결혼생활에서 갈등과 괴리감을 경험하게 되는 경우도 많다. 예를 들어, 한국인 남성들은 베트남 등의 동남아시아 여성들에 대하여 순종적이고 어른을 공경한다고 선입견을 가지고 있어서 결혼 후에 시부모에게 잘할 것이라고 생각하는 경우가 많은 것으로 나타났다(김혜온, 2012; 설동훈, 2006).

특히, 문화적 차이에 대한 이해가 부족한 한국인 남성들은 결혼이주여성인 배우자가 자신이 알고 있는 부부간 역할 기대나 행동양식에서 많은 차이가 나는 것을 나중에야 직면하고 갈등을 느끼기도 한다.

결혼이주여성의 경우 각 국가와 문화에 따라 다른 의식과 사고를 가지고 있으며, 국가별로 다른 배우자 선택 경로를 거치게 된다. 이에 대하여 국가별로 알아보도록 하겠다.

(1) 베트남

우리나라의 국제결혼이 급증한 원인 중 하나는 바로 우리나라의 경제적 위상이 상당히 높아진 것과 관련이 있다. 즉, 저개발국 출신의 여성들은 국제결혼을 통해 한국으로 이주를 결정하는데 있어서 현재 우리나라가 경제적으로 상당히 발전했다는 점이 중요한 요인으로 작용했다는 것이다. 실제로 농촌의 결혼이주여성을 대상으로 결혼 동기를 조사해 보았을 때, 대부분의 베트남 여성들은 결혼하여 한국에 정착하게 되면 취업을 할 수 있고 본국의 가족들에게 경제적으로 도움을 줄 수 있을 것이라는 큰 기대를 가지고 있었던 것으로 나타났다(이순형 외, 2006).

여기에 불법 브로커들이 국제결혼에 대한 잘못된 정보와 회유로 국제결혼을 선택한 경우도 있다. 불법 브로커들을 통해 국제결혼을 선택한 결혼이주여성의 선택 경로를 살펴보면 결혼이주여성이 알고 있는 정보가 얼마나 잘못된 것인지 여실히 드러난다.

불법 브로커들은 베트남 현지에서 농촌 마을을 주로 돌아다니며 여성들에게 국제결혼을 권유하거나 국제결혼을 원하는 여성을 되도록 많이 모집하게 된다. 국제결혼을 원하는 여성이 어느 정도 모집이 되면 이들을 대도시로 데리고 나와 결혼중매업자에게 중개수수료를 받고 여성들을 인계하게 된다. 결혼중매업자는 여성들을 기숙사와 같은 숙소에 생활하게 하면서 한국인 남성과 결혼이 이루어질 때까지 지속적으로 맞선을 보게 되는 것이다. 이 과정에서 한국인 남성은 베트남 여성이 결혼중매업자의 숙소에서 생활하면서 지출한 돈을 지불하고 신붓감을 사는 절차가 이루어지는 것이다.

이러한 과정 속에서 불법 브로커들은 한국 문화나 문화 적응과 관련된 정확한 정보를 제공하지 않고, 한국 남성에 대한 객관적이지 않은 정보와 허황된 내용을 알려준다(윤형숙, 2004). 예를 들어, 남편의 직업, 나이, 거주 지역 등에 대하여 제대로 알지 못한 채 결혼을 선택하여 한국에 정착한 뒤에야 남편의 경제적 형편이나 직업 등을 알게 되는 경우도 상당한 것으로 알려져 있다.

이러한 불법 브로커에 의한 결혼중매업자와 달리 허가된 국제결혼중개업체들은 공식적인 절차를 준수하는 양상을 보인다. 허가된 국제결혼중개업체의 경우, 현지에 지사장을 파견, 사무실, 통역, 서류담당자를 갖춘 상태에서 베트남 현지 한인들의 소개로 베트남 여성을 모집하는 과정을 거친다. 또한, 불법적인 결혼중매업자는 베트남 여성들을 집단적으로 숙소에서 생활하게 한 방식과 달리 농촌 마을에 거주하는 베트남 여성들은 한국 남성들이 맞선을 보러 베트남을 방문한 경우에만 대도시로 오도록 하였다. 또한, 결혼이 성사되어 베트남 여성이 한국으로 이주하게 되는 경우에는 한국에 입국하기 전에 한국어 습득, 음식 만들기, 한국 문화의 이해 등에 관한 적응 교육을 받아 결혼이주여성이 한국에서 적응적으로 정착하고 생활할 수 있도록 도움을 준다.

(2) 중국

우리나라의 국제결혼이 활성화가 이루어진 시점은 1990년대 초반으로 '연변 처녀·농촌 총각 맺어주기' 사업이 그 출발점이라고 할 수 있다. 한국에서는 결혼적령기의 여성들이 농촌을 기피하고 이농하면서 농촌의 남초 현상이 발생하면서 농촌의 남성들이 결혼하지 못하는 상황이 사회적 문제로까지 심화되었을 무렵, 1992년 한·중 수교가 이루어지면서 조선족 여성들이 국제결혼을 선택하여 국내에 대규모로 이주하게 된 것이다.

특히, 지방자치단체, 시민단체, 사설 결혼상담소 등에서 앞 다투어 국제결혼중개를 성업을 이루면서 그 수가 급증하였다. 조선족 여성과의 국제결혼이 추진되었던 초기에는 한국의 결혼적령기 농촌 총각이 압도적으로 수가 많았으므로 대부분 한국인 남성이 국제결혼중개업체에 중개비를 지불하여 여성을 소개받고, 맞선을 보는 과정을 취하였다.

이처럼 중국의 조선족 여성들이 배우자감으로 환영받았던 이유는 문화적 특성이 한국과 중국이 유사한데다가 의사소통의 어려움이 없기 때문에 문화적응의 문제나 국제결혼가정에서 빈번하게 발생하는 어려움이 없을 것이라는 생각 때문이었다. 게다가 외모의 차이가 거의 없기 때문에 이후에 자녀가 태어난다고 해도 외모로 인해 발생하는 문제는 없을 것이라는 기대가 작용했기 때문이다(김혜온, 2012; 설동훈, 2006).

조선족 여성 역시 자신들과 한국인이 언어, 외모, 풍습 등에서 큰 차이가 없기 때문에 한국에 정착하는 과정에서 발생하는 문화적응의 문제가 발생하지 않을 것이라고 믿었으며, 한국인 남성과의 국제결혼은 중국보다 경제적으로나 문화적으로 풍요롭고 자유로운 나라에서 살 수 있다는 희망의 기회라고 생각하여 국제결혼을 선택하였다(전봉자, 2009).

그러나 최근에는 국제결혼 초기 상황과 완전히 역전되어 중국의 조선족 여성 측에서도 중개비 및 수수료를 지불하고 한국인 남성을 소개받고 국제결혼을 하려는 움직임이 점점 많아지고 있다. 국제결혼 초기에 농촌으로 이주한 조선족 여성들의 행동을 살펴보면, 대체로 자기주장이 강하고 가정에서 자녀교육에만 만족하지 못하여 취업이나 경제활동을 하려는 욕구를 강하게 표출하였고, 심지어 가출하는 사례도 증가하였다.

그래서 1990년대 말 무렵에 조선족 여성들의 대안으로 한국 사회 주변국에 해당하는 동남아시아의 여성들을 대상으로 국제결혼이 추진되었다. 동남아시아 결혼이주여성들은 한국어를 잘 몰라서 의사소통의 어려움은 있었지만, 조선족 여성들에 비해서 순종적이고 의사소통이 어렵기 때문에 조선족 여성처럼 가출하지 않을 것이라는 판단도 작용하였다(전봉자, 2009; 한재희, 2012). 이에 조선족 여성과의 국제결혼이 감소하고 동남아시아의 결혼이주여성들이 증가하면서 여전히 한국에 정착하려는 욕구를 가진 조선족 여성들이 중개비와 수수료를 지불하면서 한국인 배우자를 찾고 있는 것이다.

조선족 여성과 관련하여 피해 사례가 점차 증가하였는데, 취업 이주의 편법으로서 국제결혼을 선택하고, 한국에 정착하자마자 사기결혼, 위장결혼이 밝혀지면서 사회적 물의를 일으켰던 것이다. 이에 최근에는 한국 영사관에서 혼인의 진실성 여부를 엄격히 검증하여 더 이상 문제가 발생하지 않도록 정부 차원의 방안을 실시하고 있다.

(3) 필리핀

필리핀 여성과 한국인 남성의 국제결혼 초기에는 종교단체인 세계평화통일가정연합에서 주도하여 배우자를 만나는 경우가 절반을 넘었으며, 결혼중개업체를 통해서 한국인 남성에게 필리핀 여성을 소개하는 경우가 그 뒤를 이었다. 그런데, 1990년대 이후에는 불법 브로커들이나 상술에 눈이 먼 국제결혼중개업자들이 국제결혼중개업체로 참여하기 시작하면서 필리핀 여성과의 국제결혼은 인신매매적인 성향이 나타나게 되었고 결국 사회적 문제가 되면서 물의를 일으켰다(여성가족부, 2010a).

필리핀에서 불법 브로커와 국제결혼중개업자들은 베트남과 유사한 절차로 한국인 남성과의 맞선과 국제결혼을 주선하였다. 즉, 불법 브로커와 국제결혼중개업자가 필리핀 마을을 다니며 결혼 적령기의 여성들을 모집하여 대도시로 데리고 와서 집단으로 숙소

생활을 하게 만들고 국제결혼을 위해 필리핀을 방문한 한국인 남성과 결혼이 성사될 때까지 계속해서 맞선을 보도록 만들었다. 이 과정에서 한국인 남성은 중개업자에게 돈을 지불하여 필리핀 여성을 배우자로 사게 되는 것이다.

게다가 국제결혼중개업자들은 한국인 남성들에게 필리핀 여성에 대하여 다른 국가의 결혼이주여성과 달리 대다수가 고졸이상의 학력을 가지고 있으며 공용어로 영어를 사용하기 때문에 자녀교육에 상당히 도움이 될 것이라는 기대감을 조장하면서세계평화통일가정연합이라는 종교의 영향으로 절대로 이혼을 하지 않는다는 점을 강조하면서 필리핀 여성에 대한 모집광고를 하였다.

그러나 베트남 결혼이주여성들이 겪었던 문제와 동일한 문제가 필리핀 결혼이주여성에게도 발생하였다. 즉, 불법 브로커들과 국제결혼중개업자들이 필리핀 결혼이주여성을 대상으로 한국인 배우자에 대한 잘못된 정보와 허황된 내용을 알려주고 한국에 정착한 뒤에야 뒤늦게 제대로 알게 되면서 충격을 받게 되는 경우가 상당하였다. 이러한 상황이 필리핀 사회의 문제로 대두되면서 필리핀 정부에서는 우편주문신부금지법(Anti-Mail Order Bride Law)[6]을 제정하여 불법 브로커와 국제결혼중개업자들로부터 필

---

6) 우편주문 신부반대법(Anti-Mail Order Bride Law)은 필리핀에서 제정된 법령으로서 홍보, 출판, 인쇄, 홍보물 등의 어떠한 종류의 매체나 유인물을 배포하여 국제결혼을 유도하는 선전 도구나 행위를 금지하는 것이다. 불법 브로커와 국제결혼중개업체에서는 온라인상에서 필리핀 여성의 사진과 개인 신상 정보 등을 게재하고, 한국인 남성들에게 마음에 드는 상대를 선택하게 하는 등의 행위를 일삼고 있는데, 이러한 행위 자체를 비롯하여 브로커와 결혼중개업체가 필리핀 여성

리핀 여성을 보호하고자 노력하였다.

2) 결혼 이후 다문화 부부갈등 구조

결혼이주여성과 한국인 남성이 만나서 결혼이 성립되기까지의 과정을 살펴보면, 이미 결혼 이후에 많은 문제가 발생할 가능성이 높다는 것을 유추할 수 있다. 배우자에 대한 이해가 높고 교감이 이루어진 상태에서 배우자를 선택하고 결혼을 하는 것이 아닌 비정상적인 절차와 과정에 의해 이루어진 경우에는 건강하고 만족스러운 결혼 생활을 유지하기 어려울 수밖에 없는 것이다.

게다가 문화적응에 대한 준비도 제대로 갖추지 못한 채 결혼과 함께 한국에 정착한 결혼이주여성은 전혀 다른 언어와 문화 속에서 의사소통의 어려움과 문화 충격, 가족관계 스트레스 등으로 제대로 적응하지 못하게 된다. 마찬가지로 한국인 배우자 역시 결혼이주여성의 문화와 언어에 대한 이해 없이 국제결혼을 선택하게 되면서 갈등을 겪게 되며 행복한 결혼생활을 유지하기 어려워지는 것이다.

이처럼 다문화가족 특히, 전혀 다른 두 문화를 가진 배우자가 만나 결혼생활을 하게 되는 국제결혼가정은 결혼이 맺어지기까지의 성립과정에서부터 구조적인 문제가 있지만, 결혼이 성립되어 한국에 정착하여 부부로서의 삶을 살아가는 동안에도 갈등을 발생하게 만들고 심각할 경우 결혼생활의 파탄의 위기를 맞게 되는 갈등

을 대상으로 국제결혼을 유도하는 행위 자체가 필리핀에서는 법으로 금지하고 있다.

구조가 존재한다. 즉, 다문화가족 내의 경제적 견해 차이, 객관적인 자기 판단, 그리고 가족관계이다.

(1) 경제적 견해 차이

우리나라의 국제결혼이 급증하게 된 배경에는 사회적 · 문화적 요인이 영향을 미쳤기 때문이다(류인경, 2010). 즉, 결혼이주여성들이 한국인 남성을 배우자로 선택하고, 한국인 남성이 한국인 여성이 아닌 한국 주변의 외국인을 대상으로 국제결혼을 결정하는 데에는 단지 개인의 선택의 문제가 아닌 사회적인 여건과 문화적인 배경이 작용하였다는 것이다.

결혼이주여성이 한국인 남성을 배우자로 선택하는 이유는 경제적인 어려움을 극복하고자 하는 방안이 되기 때문이다. 노동 시장의 개방은 전 세계적인 추세로서 노동 시장의 개방은 저개발국의 노동인력이 경제적인 어려움에서 벗어나고자 하는 욕구와 맞아 떨어지면서 선진국으로의 이주로 이어지게 만들었다(윤형숙, 2005; 장은정, 2006; 한건수, 2006; 정경운, 2007; 이승신, 2009). 특정 기술이나 전문적 능력을 가지고 있지 않은 여성의 경우 노동인력으로서 선진국으로 이주하는 방법보다는 국제결혼을 선택하는 것이 훨씬 접근 가능성이 높은 방법이었으며, 일시적인 체류가 아니라 영구적인 정착을 통해 생활과 취업이 보장될 수 있는 경로로 여겨졌다(홍기혜, 2000).

실제로 국제결혼을 선택한 결혼이주여성의 이주 동기를 조사해 보았을 때, 자신의 부모와 가족에게 경제적인 도움을 주고자 하는 욕구와 결혼을 통해 한국에서 새로운 삶의 기회를 찾으려는 욕구가 가장 강력한 동기로 나타났다(이순형 외, 2006). 한국 주변의 저개발국의 여성들에게 한국은 경제적으로 풍요로운 기회의 나라로 인식되어 있으며, 한국의 경제력은 한국인 남성들의 경제력과 동일시되어 '한국'이라는 나라가 이들에게 매우 중요한 결혼동기가 되었다고 볼 수 있는 것이다. 그런데, 국제결혼 이후 한국에 정착하면서 결혼이주여성들은 자신이 생각하고 있던 경제력을 갖고 있지 않은 한국인 남성을 확인하게 되고, 경제적 수준과 위치를 확인하게 되면서 부부갈등 요인에 주요 변수로 작용하는 것으로 나타났다(류인경, 2010). 단적으로 표현하면, 결혼이주여성의 코리안 드림이 깨지면서 부부갈등이 증폭되는 것이다. 대부분의 결혼이주여성은 경제적 이유로 인해 국제결혼을 선택하고 한국으로 이주하였으나 자신이 선택한 배우자가 한국에서 사회, 경제적으로 저소득층이고 주변화된 위치에 있다는 것을 확인하면서 기대감이 사라지고 실망하게 되는 것이다.

국제결혼가정의 월 평균 소득액을 살펴보았을 때, 100~200만원 미만이 38.4%로 가장 많았고, 100만원 미만도 21.3%나 되었는데, 이는 우리나라 월 평균 소득액인 332만원에 훨씬 못 미치는 것이라고 할 수 있다. 이러한 이유로 대부분의 결혼이주여성들은 자신들이 저소득층 혹은 하류층에 속한다고 인식하고 있었으며, 특히 일본, 조선족 여성들의 경우 한국에서 자신들의 사회경제적 지위가 상당히 낮은 것으로 느끼는 것으로 나타났다(김승균, 2009). 예외적으로 베트남의 결혼이주여성들은 베트남에서의 생활수준에 비해 현재 한국에서의 생활수준이 나아진 것으로 인식하였다.

결혼이주여성의 사회경제적 지위에 대한 인식은 농촌에 거주하는 경우에 더욱 강하게 나타났다(김혜온, 2012). 결혼이주여성의 40%가 현재 경제적인 이유로 취업을 하였으며, 대부분이 음식점 종업원이나 주방 보조 등의 서비스업이었으며, 베트남, 필리핀 등의 결혼이주여성의 경우에는 매우 힘든 육체노동을 하고 있는 경우도 상당한 것으로 나타났다. 이들이 이렇게 힘든 일을 하는 이유는 가족의 생계유지를 위해서인 것으로 나타났다(김승균, 2009).

특히, 베트남이나 필리핀 등의 결혼이주여성들은 불법 브로커나 국제결혼중개업체에서 잘못된 정보와 감언이설(甘言利說)을 믿고 국제결혼을 선택하는 경우가 많은데, 정반대의 현실에 직면하게 되면서 갈등은 증폭되는 것으로 나타났다. 베트남이나 필리핀 등의 결혼이주여성은 결혼 후에는 매달 일정액을 고국의 가족에게 생활비로 공급할 수 있을 것이라는 불법 브로커나 국제결혼중개업자의 말을 믿었으나 오히려 자신들이 일해 남편과 시댁식구의 생활비를 대야 하는 형편이라는 것을 알게 된 후 갈등이 생기는 것이다. 가령, 필리핀 결혼이주여성의 경우는 양변제 가족제도에서 성장하였기 때문에 가족 안에서 부부가 상대적으로 평등하며 상보적인 역할을 하는 것과 부모를 부양하고 형편이 어려운 형제자매에게 경제적으로도 도움을 주어야 한다는 의무감이 강한 것으로 알려져 있다(김민정, 2002). 그러나 국제결혼 후 이를 전혀 수행할 수 없게 되면서 부부간의 갈등이 커지게 되는 것이다.

남편의 불규칙한 소득, 수입의 부족, 친정 송금 문제 등을 해결하기 위해서 으로 갈등이 커지면서 취업을 하지만, 경제적인 문제에 대하여 부부갈등이 심화되면서 결국 결혼생활을 지속하지 못하는 경우도 증가하고 있는 추세이다.

(2) 객관적인 자기 판단

국제결혼을 하고 결혼생활을 하면서 초기에는 문화 적응 과정에서 생활방식 및 문화의 차이와 한국어 미숙으로 인해 의사소통의 문제를 겪지만, 시간이 지나면서 이러한 문제에 대하여 어느 정도 해소를 하게 된다. 특히, 적응과정을 통해 자신의 배우자와 한국사회의 계층적 구조, 문화적 특성 등을 이해하게 되면서 자신과 자신의 배우자, 가정 등이 차지하고 있는 한국 사회 내의 객관적인 위치를 비교하고 판단하게 되는 것이다.

우리나라 국제결혼가정의 소득과 사회경제적 지위가 일반 한국인 가족에 비해 현저하게 낮은 것으로 나타났으며, 이에 대해 결혼이주여성들이 인식하게 되면서(김승균, 2009) 좌절감을 경험하게 되는 것이다. 또한, 우리나라가 뿌리 깊게 가지고 있는 외국인에 대한 편견이나 차별을 자각하게 되고, 자신들의 불리한 사회경제적 지위와 고된 노동에 비해 낮은 임금 등을 경험하면서 심리적인 위축감도 느끼게 된다.

이처럼 결혼생활 중에 한국인 남편의 무능력과 자신과 자신의 가족이 차지하는 사회 내의 사회경제적 위치가 보잘 것 없다는 생각을 하게 되면서 결혼생활에서 갈등을 느끼게 되고, 결국 가출이라는 극단적인 방법을 선택하는 경우도 많아지고 있다.

참고 자료

결혼이주여성의 문화적응 돕기

다문화가정을 이루어 사는 결혼이주여성들은 문화적응이라는 힘든 과정과 함께 부부갈등의 요소들을 경험하면서 이중고를 겪게 됩니다. 이러한 고통에 대하여 고민을 터놓고 도움을 받을 수 있는 기관이나 단체는 현재 다문화가정의 증가 수에 비하여 턱없이 부족한 실정입니다.

다문화가정의 결혼이주여성의 문화적응을 돕고, 그들의 문제에 대한 상담을 원활히 하기 위해서는 상담자로서 다른 영역의 전문가와의 연계 및 자원에 대한 정보를 상세히 숙지하고, 필요할 경우 결혼이주여성에게 적절한 도움을 제공해야 합니다. 다음의 사이트는 결혼이주여성의 문화적응을 돕고, 결혼이주여성으로서 겪고 있는 다양한 문제에 대하여 상담을 해야 할 때 숙지하고 있어야 할 연계 자원들에 대한 사이트입니다.

앞으로 다문화가정의 결혼이주여성을 대상으로 한 상담자로서 활동하기 위해서는 다양한 정보를 파악하고 적절하게 활용하여 효율적인 다문화상담이 이루어지도록 해야 할 것입니다.

- 이주여성긴급지원센터(http://www.wm1366.org/main.asp)
- 한국이주여성인권센터(http://www.wmigrant.org/xe2/?)
- 다문화방송국 샐러드 TV(http://www.saladtv.kr/)

3. 다문화가족의 부모-자녀 관계에 대한 이해

국제결혼을 통한 다문화가족의 자녀 현황을 살펴보면, 2010년에는 30,040명이 학령기 즉, 초등학교, 중 · 고등학교에 재학 중이며, 이 중 초등학교 학생의 비율이 78.6%로 가장 높다. 그러나 현재 초등학교에 재학 중인 자녀들이 성장하고 중 · 고등학교로 진학할 것이기 때문에 다문화가족 자녀에 대한 교육지원과 방안이 마련되어야 할 것이다.

다문화가족 자녀에 대한 교육지원과 방안이 필요한 이유는 다문화가족 자녀들의 학업 및 적응 문제들이 속출하고 있기 때문이다(설동훈 외, 2005; 이순형 외, 2006; 홍진주, 2005). 다문화가족 자녀들에게 나타나는 공통적인 문제 중 하나는 언어발달의 문제로서 한국어에 익숙하지 않은 결혼이주여성인 어머니로부터 한국어를 제대로 학습하지 못해서 학교 학습에서 어려움을 겪는 것이다. 언어 발달의 문제는 계속 심화될 경우, 집중력과 대인관계, 사회성 발달, 심리적 · 정서적 문제로까지 연결되어 있기 때문에 상당히 심각하다고 볼 수 있다.

결혼이주여성들은 자녀교육에 대한 상당한 관심과 욕구가 있지만, 자녀교육에 있어서 어려움을 겪고 있다. 이러한 어려움은 부모-자녀 관계에도 영향을 미치게 되어 결혼이주여성인 어머니를 부끄러워하고 심리적인 거리감도 생기게 된다.

1) 자녀 양육의 문제

결혼이주여성은 자녀에 대한 상당한 애정과 기대를 가지고 있으나 자신과 다른 문화를 가진 낯선 나라에서 자녀를 양육하는 과정에서 어려움을 겪게 된다. 게다가 한국인 남편이 적극적인 아버지의 역할을 할 것이라고 기대하기 어렵고 우리나라에서는 자녀양육의 1차 책임자는 어머니라는 의식이 강하게 자리 잡고 있기 때문에 결혼이주여성의 심리적인 어려움과 자녀양육의 고충 등을 간과하고 자녀의 양육과 교육을 떠넘기게 된다.

무엇보다 결혼이주여성이 자녀양육에 있어서 가장 큰 어려움을 겪고 있는 측면이 바로 언어 즉, 미숙한 한국어 실력과 문화적응과정에서 발생하는 정서적 불안정성이다. 언어와 정서는 자녀양육과 발달에 있어서 핵심적인 환경이자 요인이 된다는 점에서 중요하며, 이에 대해 취약한 결혼이주여성이 자녀양육에서 어려움을 겪는 것은 당연한 일이다.

(1) 언어

결혼이주여성이 자녀 교육에 대해 많은 노력을 기울이고 있음에도 불구하고 한국어가 서투르고 한국의 문화에 익숙하지 못하기 때문에 자녀교육에서도 한계를 경험하게 된다. 많은 결혼이주여성이 한국에 정착하면서 문화 적응으로 인해 많은 스트레스와 심리적인 갈등을 극복하지 못한 채 임신과 출산을 거쳐 자녀를 양육해야 하는 상황에 놓이게 된다. 더욱이 한국 사회 특히, 보수적이고 변화에 경계적인 태도를 보이는 한국의 농촌 사회에서는 자녀양육에 있어서 아버지보다 어머니의 역할을 강조하는 전통적 인식이 아직까지 깊게 뿌리박혀 있기 때문에 결혼이주여성이 자신의 문제가 해결되지 않은 상태에서 자녀양육까지 전담하게 되는 것이다.

자녀양육까지 맡게 되면서 결혼이주여성은 한국어를 배울 수 있는 기회를 점점 잃게 되고, 이러한 상태는 자녀양육에 그대로 영향을 미치게 된다. 즉, 한국어에 익숙하지 않은 결혼이주여성은 자녀의 언어발달에 있어서 결정적 시기(critical period)인 영유아기에 자녀에게 언어적인 자극을 제공하거나 한글 교육을 수행하기가 어렵기 때문에 언어발달에 있어서 상당히 열악한 환경에 놓이게 된다. 언어발달의 시기에 언어결손이 있었던 다문화가족 자녀들은 언어발달에 문제가 생겨서 언어발달을 바탕으로 학교 학습을 수행해야 할 시기에 큰 어려움을 겪게 되는 것이다.

실제로 다문화가족 자녀의 한국어능력은 결혼이주여성인 어머니의 한국어능력에 의해 좌우되며 더 나아가 결혼이주여성인 어머니의 한국어 능력은 자녀의 한국어 수준뿐만 아니라 자녀의 학교 적응도에도 결정적인 영향을 미친다는 연구(김대수, 2008; 박민서, 2008; 유재신, 2008)는 어렵지 않게 찾을 수 있다.

결혼이주여성의 언어와 관련된 문제는 자녀가 학령기 동안 내내 영향을 미치는 것으로 알려져 있다. 결혼이주여성인 어머니는 자녀의 숙제나 학교공부를 도와주지 못하는 경우가 상당히 많았으며, 특히 대다수의 결혼이주여성들은 부자연스럽고 정확하지 않은 한국어 발음으로 자녀에게 들려주는 것에 대하여 심각한 고민을 하는 것으로 나타났다(이순형 외, 2006). 대부분의 결혼이주여성은 자녀가 가지고 온 학교 알림장을 잘 이해하지 못하여 자녀의 과제나 준비물을 챙기지 못하고, 자녀의 교육문제로 교사와 면담을 하고 싶어도 교사 앞에 나서지 못하고 있는 것으로 나타났다(이순형 외, 2006). 또한, 결혼이주여성들은 자녀가 다니는 학교의 공개수업, 학부모 활동 등에 적극적으로 참여하지 못하는 것으로 나타났다. 이는 결혼이주여성이 자신의 미숙한 한국어 능력으로 사람들 앞에서 나타나기를 꺼려하는데다가 자녀가 결혼이주여성인 어머니가 또래들, 학부모, 교사에게 보여주고 싶지 않기 때문인 것으로 밝혀졌다(김혜온, 2012; 이순형 외, 2006).

이러한 상황이 길어지면서 한국어에 미숙한 결혼이주여성 어머니와 자녀와의 의사소통은 제대로 이루어지지 않고, 건강하고 원만한 부모-자녀관계를 형성하지 못하게 된다. 게다가 결혼이주여성들은 자녀에게서 나타나는 언어지체나 발달문제가 자신의 책임때문에 발생한 것이라고 인식하고 있으며, 자신으로 인해 자녀가 이중문화 안에서 학교생활에 적응하지 못하고 정체성 혼란 등의 문제를 겪는다고 생각하여 죄책감을 느끼는 것으로 나타났다.

(2) 정서적인 불안정

결혼이주여성들은 국제결혼을 선택하고 한국에 정착하는 과정을 거치는 동안에 정신건강에 위협을 받고 정서적으로 불안정한 상태를 경험하기도 한다. 결혼이주여성들은 새로운 문화적 환경과 결혼생활에 적응하는 과정에서 심리적 고통, 사회적 격리, 인격모독, 차별대우 등을 경험하면서 결혼생활에 대해 회의를 느끼고 갈등을 경험하는 것으로 나타났다(최정자, 2009). 또한, 한국어능력 부족과 적응의 어려움으로 인해 불안감을 느끼게 되고, 사람들 앞에서 말하고 만나기를 꺼리게 되는 등 심리적인 위축감을 경험하며, 한국어 사용이 미숙하여 자녀교육에 대한 자신감이 현저히 떨어지는 것으로 나타났다. 이에 더하여 결혼이주여성은 성장한 환경과 완전히 다른 문화적 환경에서 생활하면서 이질감을 느끼고 이로 인해 만성적인 긴장과 스트레스에 노출되기도 하며, 이로 인해 정신건강의 문제에 노출될 위험도 상당히 높다(서진현, 2011; 임혁, 2010; 최정자, 2009).

불안, 우울 등의 정신건강의 문제는 결혼이주여성 개인차원의 문제에만 그치는 것이 아니라 가족불화의 원인이 되기도 하고, 자녀양육과 자녀교육에도 영향을 미치게 되며, 심각할 경우 결혼생활의 파탄에까지 이르는 것으로 나타났다(고은주, 2009; 이윤효, 2006; 최정자, 2009).

2) 다문화가족의 부모-자녀 관계의 이해

다문화가족의 결혼이주여성인 어머니가 한국어 미숙과 정서적 불안정을 목격하며 성장한 자녀들은 어머니를 무시하고 불신하게 되는 양상을 보이는 것으로 나타났다(김혜온, 2012). 다문화가족의 자녀들은 학령기에 접어들면서 결혼이주여성인 어머니가 한국어를 잘 못하여 다른 일반 가정의 어머니들처럼 숙제를 도와주거나 질문에 대답해 주지 못하는 것을 보게 되면서 어머니를 부끄럽게 생각하게 된다. 그래서 주변 친구들에게 어머니가 이주 여성임을 숨기거나 노출되는 것을 극도로 꺼리는 행동을 보이기도 한다.

결혼이주여성 역시 자녀가 초등학교에 입학하면서부터 자녀양육, 자녀와의 관계로 인해 많은 어려움을 겪는 것으로 나타났다. 결혼이주여성 역시 자녀교육에 대한 관심과 열의가 상당하기 때문에 어머니 자신의 한국어 미숙으로 인해 자녀에게 나쁜 영향을 미치거나 자녀의 공부를 제대로 돌보아주지 못해서 낮은 학업성취 결과를 초래할 것에 대한 고민에 쌓여있게 된다(박철희, 2012). 더군다나 한국 학부모가 사교육에 집중하는 모습을 보면서 사교육비에 대한 경제적 부담감을 느끼게 되고 자신이 자녀에게 도움이 될 만한 학원정보나 사교육 정보가 없는 것에 대한 불안감이 더욱 커지게 된다(설동훈 외, 2005; 하 밍 타잉, 2005). 이처럼 결혼이주여성은 자녀 양육에서 가장 어려운 점으로 학원비 마련, 학습지도, 숙제지도로 생각하지만, 어떻게든 자녀 교육을 위해 취업을 하여 고된 노동도 마다하지 않고 교육비를 마련하려고 한다.

다문화가족의 자녀들은 이러한 결혼이주여성 어머니의 어려움과 고생스러움을 잘 이해하고 있어서 부모와의 큰 마찰을 일으키지 않으려고 노력하지만(전봉자, 2009), 결혼이주여성인 어머니가 문화 적응 과정에서 겪은 어려움으로 인해 내면화된 위축감과 불안감을 관찰하고 학습하면서 학교생활에서도 소극적인 태도를 보이면서 자신감을 상실하는 모습을 보이는 경우가 많은 것으로 나타났다(신혜정, 2007; 한국교육개발원, 2005).

더군다나 다문화가족 자녀들이 사춘기에 도달하면 자신에게 나타난 학교생활의 부적응과 원만하지 않은 대인관계 등이 어머니로 인해 발생한 문제라고 귀인하게 되면서 결혼이주여성인 어머니와 자녀는 사소한 일로 마찰을 일으키기도 하며, 부모-자녀 관계가 극단적으로 악화되기도 하는 것으로 나타났다(전봉자, 2009).

다문화가족의 자녀들이 부모에게 갖고 있는 불만의 이유를 살펴보면, 결혼이주여성인 어머니에 대하여 자신들을 제대로 돌보아주지 않고, 함께 이야기를 나누면서 이야기를 나눈 적이 없다는 점에 대해서 상당히 불만이 많은 것으로 나타났다(국가인권위원회, 2008). 이러한 불만의 근본적인 원인은 부모와 자녀가 함께 보내는 시간이 적은 데에 있다. 생활비 보충과 교육비 충당을 위해서 취업을 한 결혼이주여성들은 대부분 자녀들이 잠든 후에 퇴근하기 때문에 자녀가 학교에서 어떤 일을 겪고 있는지에 대하여 대화하거나 알아볼 수 있는 시간이 없는 것이다. 그래서 자녀들은 부모들이 한국어도 제대로 모르고 한국 사회와 한국 물정에 대해 어둡다고 생각하면서 부모에 대한 신뢰가 떨어지게 되는 것이다. 이러한 악순환은 결국 부모-자녀 관계의 문제로 나타나는 경우가 대부분이다.

다문화아동가족상담 연습

공감은 다른 사람의 입장을 자신의 것처럼 느끼고, 생각하는 것을 말하며 다문화가정의 구성원을 대상으로 상담을 실시할 때 상담자로서 반드시 갖추어야 할 능력과 기술입니다. 일반적으로 다문화가정의 결혼이주여성이 다른 가정의 여성에 비해 이중고를 경험한다는 점에 대해서 인지적으로는 이해할 수 있지만, 실제로 다문화가정의 결혼이주여성의 입장을 취해본다면, 다문화가정에 대한 지원과 도움이 얼마나 절실하게 필요한지에 대하여 좀 더 잘 이해하게 될 것입니다.

다문화가정의 결혼이주여성이 가정 속에서 느끼게 되는 좌절, 어려움, 고통을 이해하기 위하여 다음의 상황 속에서 결혼이주여성의 입장을 취해봄으로써 공감해보도록 합시다. 자신이 다문화가정의 결혼이주여성이라고 가정해보고, 다음의 질문에 답해보도록 합시다.

남편에게 서운한 감정을 이야기하고 싶은데, 한국어로 어떻게 말해야 할 지 모를 때 어떤 기분일까요?

↓

시부모님의 생신이라 손님들을 초대한다고 음식을 장만하라고 하는데, 한국 음식을 할 줄 모를 때 어떻게 하면 좋을까요?

↓

아이가 학교에서 숙제를 안 해오고, 성적이 떨어져서 선생님께 야단을 맞는데, 나는 한국어를 전혀 몰라 도움을 줄 수 없을 때 기분이 어떨까요?

◐ 주요 핵심내용 정리 ◑

1. 다문화가정에서 결혼 적응에 영향을 미치는 요인

- 다문화가정의 부부갈등의 특성에 대하여 일반화시켜 말할 수 있는 연구자료는 많이 나와 있지 않지만, 대체로 가치관 특성, 상호관계특성, 문화적응태도 특성이 결혼적응에 영향을 미치는 것으로 나타나고 있습니다.
- 가치관 특성은 결혼관, 성역할관, 가족주의 상호관계가 있으며, 상호관계 특성은 부부간에 실제적인 영향력을 행사하며 배우자와 합의에 도달할 수 있는 의사소통을 의미하며, 부부간의 욕구에 의해서 발생되는 부부갈등의 해소에 결정적인 영향을 미칩니다. 문화적응 태도는 문화적 근원과 배경이 다른 사람들 간의 지속적이고 직접적인 접촉의 결과로 일어나는 변화를 말합니다.

2. 다문화가정의 부부갈등 구조

- 결혼 성립과정의 가장 핵심적인 부분은 배우자 선택과정으로서 국제결혼은 국내결혼과 달리 배우자는 선택하는 조건이나 과정에 있어서 많은 차이점을 내포합니다.
- 결혼 이전 배우자 선택과정은 결혼이후 많은 문제를 초래하게 되는데, 경제적 견해 차이, 객관적인 자기판단이 생겨나면서 부부갈등이 심화됩니다.

3. 다문화가정 부모-자녀 관계의 이해

- 결혼이주여성이 경험하는 어려움으로 자녀 양육에서의 어려움을 들 수 있는데, 결혼이주여성들은 한국 사회로의 이주로 인하여 많은 어려움을 경험하면서도 자녀교육에 대한 관심과 교육에 열의가 높습니다. 그렇지만, 언어, 정서적 불안정 등의 자녀 양육의 문제가 발생하면서 어머니의 한국어 미숙과 정서적 불안정을 목격하며 성장한 자녀들은 어머니와의 상호작용에서 무시하고 불신하게 됩니다.

6

다문화가족의 부부 및 부모-자녀 상담

6장 다문화가족의 부부 및 부모-자녀 상담

생각해보기

최근 이주여성긴급지원센터의 조사에 따르면, 2012년 1년간 접수한 상담은 총 8만849건으로 전년 대비 17.5% 증가하였다고 합니다. 상담 내용을 살펴보면, 부부 갈등이 1만3천44건으로 가장 많았는데, 이것은 전년 대비 39.5% 증가한 것이라고 합니다. 더욱 심각한 것은 가정 폭력에 대한 상담으로 8천417건에 달하며 전년 대비 46.5%나 증가하였다고 합니다.

상업적인 목적으로 운영되는 국제결혼중매업체가 졸속으로 국제결혼을 성립하는 건수도 매년 증가하고 있지만, 그만큼 이혼율도 증가하고 있는 추세입니다. 이주여성긴급지원센터에 상담을 의뢰한 결혼이주여성 가운데 심각한 갈등으로 고통을 겪다가 이혼을 원하는 이혼 법률 상담도 1만539건으로 전년 대비 16.2% 늘었다고 합니다.

문화적 차이와 갈등을 현명하게 극복하고 행복한 다문화가정을 이루고 사는 다문화가족도 있지만, 갈등과 심리적 고통을 겪고 이혼을 하고 있는 다문화가족도 점점 증가하여 실제 다문화가정의 이혼 건수는 계속 늘어나 2011년에는 1만4천450건으로 국내 전체 이혼의 12.6%를 차지하게 되었습니다.

새로운 문화에 대한 설렘과 기대를 가지고 '코리안 드림'을 이루기 위하여 용기를 내어 국제결혼을 선택한 결혼이주여성들이 문화적응으로 인한 스트레스와 가정폭력, 사회적 차별과 편견으로 고통 받고 신음하고 있는 것입니다.

> 다문화가족을 대상으로 다문화상담을 효과적으로 수행하기 위해서는 결혼이주여성의 고통과 아픔에 대한 이해와 공감을 갖도록 노력해야 하며, 이러한 공감과 수용을 바탕으로 결혼이주여성이 자신이 겪고 있는 문제와 어려움을 해결하는데 도움을 줄 수 있는 상담자로서의 자질과 능력을 갖추도록 해야 할 것입니다.

1. 다문화가족 결혼이주여성의 상담문제에 대한 이해

다문화가족의 결혼이주여성은 결혼과 함께 한국에 정착하는 과정 중에 자신이 알고 성장한 문화와 생활양식과 전혀 다른 문화를 겪으면서 충격을 받게 되지만, 새로운 문화와 언어를 습득하고 적응하고자 노력한다. 그러나 임신과 출산 후 자녀양육 과정에서 다시 한번 어려움과 갈등을 경험한다.

결혼이주여성은 자녀교육에 대한 관심과 욕구가 크지만, 미숙한 능력과 완전히 생소한 한국의 교육문화에 직면하게 되면서 문제를 겪게 된다. 전국 다문화 가족에 대한 실태조사(여성가족부, 2009)에 따르면, 결혼이주여성이 자녀교육 시에 겪게 되는 어려움에 대하여 학원비 마련이라고 응답한 경우가 27.4%였으며, 예습·복습의 학습지도가 23.2%, 숙제 지도하기가 19.8%, 자녀의 학교생활 부적응 문제가 5.0%, 알림장 챙기기가 2.9%로 나타났다. 이 중 예습·복습의 학습지도, 숙제 지도하기, 알림장 챙기기 등은 모두 한국어 능력과 관련 있는 내용으로서 한국어를 제대로 습득하지 못한 경우, 결혼이주여성 자신의 삶뿐만 아니라 다문화가족의 자녀에게까지 영향을 미치는 것으로 볼 수 있다.

다문화 가정부모, 자녀교육 때 어려운 점은?

(단위:%) 초등학생 보모 대상

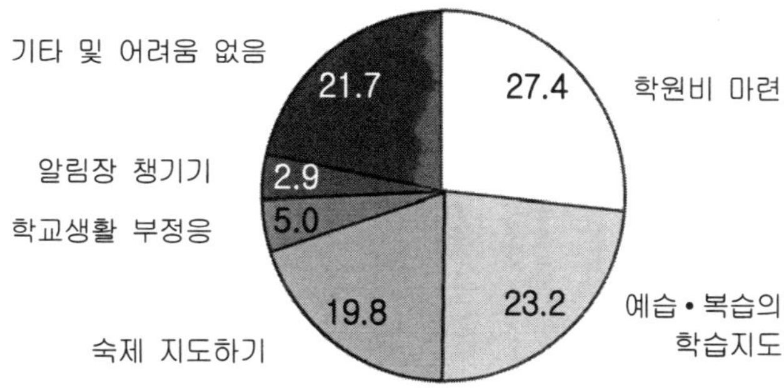

초등학생 자녀에게 가장 필요한 지원은?

(단위:%) 초등학생 보모 대상

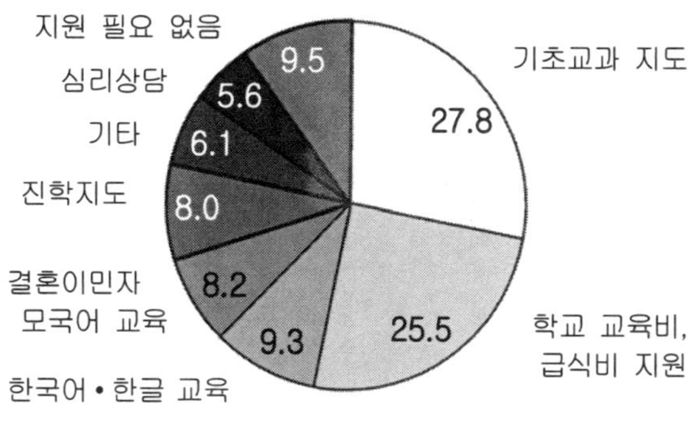

<자료: 2009 여성가족부 전국다문화가족 실태조사>

또한, 전국다문화가족사업지원단(2008)의 조사를 살펴보면, 다문화가족센터에서 상담을 받은 결혼이주여성의 상담내용을 살펴보면, 남편과 시부모를 포함한 가족 간에 갈등, 남편의 외도, 남편과 시부모의 가부장적인 태도, 아내에 대한 간섭과 감시 등의 문제로 상담하는 횟수가 약 70% 정도에 이르는 것으로 나타났다. 이러한 문제들의 공통점은 바로 부부관계에서 배우자의 태도라고 볼 수 있는데, 한국인 남편과 시부모를 비롯한 가족들은 결혼이주여성에 대한 잘못된 의식을 가지고 있기 때문에 갈등을 유발하는 행동을 한다고 볼 수 있다(김혜온, 2012). 즉, 결혼이주여성과 다른 문화에 대하여 존중하고 인정하는 태도를 가지고 있기 보다는 한국보다 가난하고 열등한 국가 출신이므로 결혼이주여성 역시 열등할 것이라고 생각하여 무시하고 소외시키는 행동을 하여 갈등을 야기하기도 한다.

결혼이주여성에 대한 잘못된 의식뿐만 아니라 외국인에 대한 선입견과 고정관념으로 인해 가족 내에서도 결혼이주여성을 차별하고 홀대하는 행동을 하여 심리적인 어려움과 스트레스를 겪게 된다.

1) 결혼이주여성에 대한 잘못된 인식

우리나라는 역사적, 사회적 배경으로 인해 국제결혼을 바라보는 인식 자체가 매우 부정적이었다고 말할 수 있다. 우리나라 초기의 국제결혼은 주로 한국 여성과 외국 남성의 결혼을 의미하는 것이었다. 한국전쟁에 파병되어 온 주한 미군과 한국 여성의 결혼을 시작으로 선진국가의 외국인 남성과 한국 여성의 결혼이 우리나라 국제결혼의 전형으로 인식되었다. 단일민족을 강조하고 집단주의 의식이 뿌리 깊게 자리 잡고 있었던 우리나라에서는 이질적인 문화와 인종을 선택하여 결혼하는 국제결혼에 대하여 부정적인 시선과 관점을 갖고 있었다.

그러나 점차 사회가 도시화, 세계화되면서 우리나라의 여성들은 도시를 선택하게 되고, 지역으로 갈수록 편중된 성 비례를 보이면서 결혼하지 못하는 남성의 수가 기하급수적으로 증가하였다. 이에 농촌 총각들의 결혼문제를 해결하는 대안으로 국제결혼을 정부 차원에서 추진하게 된 것이다. 이로 인하여 국제결혼에 대한 인식도 바뀌어 '바람직한 것은 아니지만 찬성한다'는 방향으로 변화되었으며 국적법과 출입국관리법, 사회복지관련법 등을 수정 및 제정하여 결혼이주여성이 한국에서 합법적으로 체류, 정착할 수 있도록 하였다(전봉자, 2009). 이러한 관점에서 볼 때 결혼이주여성은 우리나라 농촌총각들의 결혼 문제를 해결하는데 중요한 역할을 한 '고마운' 존재로 인식되면서 결혼이주여성과 국제결혼에 대한 부정적인 시각도 어느 정도 완화되었다.

그럼에도 불구하고 최근 몇 년 동안 매스컴에서 다루는 결혼이주여성에 대한 내용들은 그들의 학대나 비인격적인 처우 등에 관한 것이거나 국제결혼을 악용하는 사례 등에 초점이 맞추어져 노출되어왔다. 또한, 1990년대 이후부터 우리나라 학계에서 수행된 다문화가족에 대한 연구에 비춰진 결혼이주여성은 수동적이고, 온갖 학대와 핍박을 받으며 문화 부적응의 고통을 겪고 있는 것이었다. 이러한 영향으로 인해 결혼이주여성을 직접 대면하지 못한 대부분의 사람들에게 결혼이주여성들의 인식과 한국사회에서 그들이 차지하는 위치는 양극단으로 나뉘어져 있다. 즉, 결혼이주여성은 '희생자'라는 인식과 '도망가는 신부'라는 인식이 고정관념화되어 있는 것이다.

결혼이주여성이 '희생자'라는 인식은 우리나라 농촌의 결혼문제를 해결하기 위하여 조선족 여성과 동남아시아를 비롯한 저개발국가의 여성들을 이용했다는 관점을 말하는 것이다. 한국인 남성과 조선적 여성과 베트남, 필리핀을 비롯한 동남아시아의 여성들의 국제결혼에 대해서 지나치게 매매혼으로 규정하여 결혼이주여성이 국제결혼에서 전적으로 희생자인 것으로 이미지화해버린 것이다(전봉자, 2009). 또한, 결혼이주여성들은 전적으로 한국에서 가정폭력과 폭언의 피해자로 불행한 삶을 살고 있는 것처럼 비춰지는 것 역시 결혼이주여성을 희생자로 인식하게 만드는데 일조하였다.

실제로 결혼이주여성에 대한 이러한 인식과는 전혀 다른 양상의 결과를 보여주고 있다. 그 예로서 보건복지부(2005)에서 실시한 결혼이주여성의 삶에 대한 실태조사 결과를 살펴보면, 부부관계에 만족한다고 응답한 결혼이주여성은 54.9%이며, 한국인 남성과 한국인 여성이 만나 결혼한 부부의 만족도 조사에서 부부관계에 만족한다고 응답한 경우는 59% 정도로 나타났다. 이것은 다문화가족과 국제결혼한 부부들이 더 많은 어려움을 겪을 것이라는 다양한 연구결과와 보고에 비해서 그렇게 심각한 수준이라고 볼 수 없으며, 결혼이주여성이 희생자라는 인식과는 전혀 다른 결과라고 볼 수 있다.

결혼이주여성에 대한 또 다른 인식은 바로 '도망가는 신부'이다. 이것은 국제결혼을 선택한 결혼이주여성이 한국에 취업을 목적으로 위장결혼을 하여 한국에 입국한 뒤 도망을 가버려 한국인 남성을 울리는 가해자로서 인식되는 것이다. 1990년대 초 한·중 수교를 계기로 한국인 남성과 조선족 여성의 국제결혼이 급증하였다. 특히, 조선족 여성의 경우, 외모의 차이나 언어의 어려움이 없다는 장점이 부각되면서 조선족 여성과의 국제결혼은 성행을 이루었다.

하지만, 조선족의 경우, 중국에서 취업이 어려워 사회경제적 지위 상승의 기회가 적고, 중국 도시에서 정착하는 것이 상당히 어렵기 때문에 한국에 취업하여 정착하기 위한 편법으로 국제결혼을 이용하여 사기결혼, 위장결혼을 하는 피해 사례가 점차 증가하면서 조선족 결혼이주여성에 대한 불신의 이미지가 형성된 것이다. 그 이후에 조선족 여성의 대안으로 '도망가지 않을 신부'라고 생각되는 동남아시아의 결혼이주여성들을 국제결혼 배우자로 맞아들이게 된 것이다.

이와 같은 양극단의 시각은 결혼이주여성에 대한 대중매체의 이분법적 관점에 의해서 직·간접적으로 영향을 받아 조성된 것이기도 하지만, 다양성과 다원주의에 대해 관용적이지 못한 한국 사회의 인식의 영향이기도 하다. 다문화가족과 결혼이주여성에 대하여 동정적인 시선이나 근거 없이 불행한 삶을 살고 있다고 단정 짓는 시각, 결혼이주여성들은 대부분은 위장 결혼자일 것이라는 시각 등이 그들의 한국 문화에의 적응을 더욱 어렵게 만들 가능성이 높다.

결혼이주여성에 대한 고정관념과 부적절한 인식은 결혼이주여성의 적극적인 삶의 의지와 행위자로서의 주체성을 무시하는 것이다.

2) 차별

결혼이주여성이 한국에 정착하면서 심리적인 고통을 겪게 되는 원인이자 한국의 구조적 배경으로 한국 사회에 뿌리 깊게 자리 잡고 있는 외국인에 대한 차별을 들 수 있다. 결혼이주여성에 대한 차별의 출발은 바로 전통적인 한국 문화의 심리적 특징 중 하나인 '우리주의(We-ness)'를 들 수 있다(한재희, 2012). 우리주의는 전통적인 한국 문화에 있어서 사회적 관계의 기본 축이 개인이 아닌 '우리라는 집단'에 있음을 보여주는 것으로 한국 사회가 집단 내에서 함께 존재하고 관계를 중시하는 의식이라고 볼 수 있다.

우리주의 의식에 의해 우리와 우리가 아닌 남을 구분하여 상대방에게 대하는 태도가 극명하게 대비되는 방식으로 행동하며(박정열, 허태규, 최상진, 2001), 우리라고 규정할 수 없는 우리가 아닌 남에 대해서 배타적인 문화적 속성이라고 말할 수 있다(최준식, 2000). 또한, 이러한 의식은 우리가 아닌 타인이라고 규정되는 사람과 집단에 대하여 불친절하며 경계하도록 만드는 경향으로 나타난다.

우리주의와 함께 한국인의 전통적인 문화의식으로 유교의 영향을 받은 집단주의를 들 수 있다. 즉, 자신이 속해 있는 집단과 다르게 행동하거나 사고하는 것을 매우 위험하며 위기를 만든다고 생각하는 것이다.

이와 같은 우리주의와 집단주의 의식은 다문화가족의 결혼이주여성에 대한 태도에도 고스란히 드러난다. 즉, 다문화가족의 결혼이주여성에 대하여 우리주의가 적용되어 우리 집단이기보다 우리가 아닌 남으로 보는 관점이 적용되어 결혼이주여성에게 배타적이고 경계하는 태도로 나타나는 것이다.

배타적인 태도와 함께 결혼이주여성을 소외시키고 위계적인 관점에서 대하는 모습도 보이는 경우도 나타난다. 대부분의 결혼이주여성들이 우리나라에 비해 경제력이 약한 국가 출신이기 때문에 결혼이주여성이 한국에 정착해도 낮은 국가 경제력을 그대로 한 개인 특성으로 간주하여 결혼이주여성을 한국인 남성, 아동, 노인을 돌보도록 강요하여 가정부나 간병인의 역할로서 인식하고 수용하고 있는 태도를 보이고 있다.

다문화가족의 부부관계에서도 상호 간에 원만하고 적응적인 결혼생활을 위해서 필요한 친밀성을 증진시키고 누리기보다는 위계적인 성역할만을 요구하는 경향이 있는 것으로 나타났다. 즉, 부부관계에 있어서 한국인 남성과 결혼이주여성의 관계가 계급화하는 현상이 나타나는 것이다.

전통적인 한국의 문화의식에 의해서 다문화가정 결혼이주여성이 겪게 되는 차별을 정리하면, 첫째는 경제적인 권리가 없거나 제한적이라는 것이다. 결혼이주여성의 가족형태를 보면 핵가족의 형태를 보이고 있지만, 실제로는 한국인 남편의 가부장적 태도와 시댁 가족의 며느리에 대한 통제가 심해서 핵가족이라고 보기 어렵다고 볼 수 있다(홍기혜, 2000). 이는 금전관리와 경제적인 권리에서도 나타나서 베트남 결혼이주여성의 경우 남편의 소득을 관리하거나 남편의 소득이 어느 정도인지 아는 경우가 거의 없었다(이순형 외, 2006).

이처럼 한국의 가부장적 사회체제와 풍토 속에서 여성이라는 이유로 겪게 되는 차별과 더불어 결혼이주여성 즉, 외국인 여성이라는 이유로 이중의 차별을 겪게 되는 것이 사실이며, 일부의 경우에는 다문화가족의 결혼이주여성을 매매혼으로 결혼이 성립된 상품으로 간주하여 인권침해적인 차별을 행하고 있어 결혼이주여성의 고통과 갈등이 심각한 수준에 이르기도 하였다.

3) 기타

결혼이주여성이 결혼생활에서 갈등과 어려움을 경험하는 이유 중에 하나는 한국인 남편과의 연령 차이인 것으로 나타났다. 결혼이주여성의 연령은 주로 24세 이하가 21.1%로 가장 많았고, 다음으로는 25~29세가 20.2%로 많았다. 그에 비하여 한국인 남편의 경우 40대가 30.5%로 가장 많았고 다음으로는 35~39세로 20.9% 의 비율을 보였으며, 결혼이주여성과 한국인 남편의 나이 차이가 평균 10세 이상으로 나타났으며, 이는 한국인 부부의 나이 차이보다 약 5배 높은 수치이다(여성가족부, 2010a). 특히, 캄보디아 여성의 경우 한국인 남편과의 나이 차이가 17.5세이며, 베트남 여성의 경우는 17세의 나이 차이를 보였다.

결혼이주여성과 한국인 남편 간의 연령 차이는 단순히 숫자의 차이가 아니라 부부간의 관심사나 취미 등에 있어서 세대 차이가 유발되는 요인으로 작용할 수도 있다. 결혼이주여성과 국제결혼을 선택하고 다문화가족을 형성하는 한국인 남편들은 한국 전통의 문화적 의식을 유지하고 변화에 폐쇄적인 특성을 가지고 있는데, 결혼이주여성과의 많은 나이 차이로 인해 이러한 한국 남성의 가부장적 특성을 강화시키는 요인이 되기도 한다.

결혼이주여성이 상담하게 되는 또 다른 문제로는 가족 간의 갈등을 들 수 있는데, 이는 근본적으로 다문화가족을 이루는 당사자들이 다문화적 경험이 없기 때문에 발생하는 것이라고 말할 수 있다. 결혼이주여성들의 경우, 국제결혼이 성사되기 이전부터 한국어와 한국의 의식주 등을 포함한 문화양식과 삶의 방식을 배워야 하며 끊임없이 노력하도록 강조와 강요가 작용하지만, 한국인 남편의 경우 결혼이주여성의 출신국가 언어와 문화를 이해하고 습득하려는 남편의 노력은 매우 미미한 수준인 것으로 나타났다.

예컨대, 필리핀 결혼이주여성은 매운 음식을 경험하지 못한 음식 문화에서 성장하였는데, 한국에서 매운 음식을 거부하였을 때 못마땅하게 여기거나 가족 간의 갈등으로 심화되는 양상을 보이기도 하며(김혜온, 2012), 남녀가 비교적 평등하게 대우받는 전통에서 성장하였기 때문에 남편의 권위주의적이고 억압적인 태도에 대하여 수용하지 못하는 경우도 상당하다. 더 심각한 상황은 자녀양육방식에서 나타나는데, 한국인 남편의 경우 유교적 전통 의식의 영향으로 자녀를 엄하게 키워야 한다고 생각하지만, 한국 생활에서 가장 소중한 존재인 자녀를 보호하며 잘 돌보아야 한다고 생각하는 결혼이주여성 간의 입장 차이가 극명하게 나타날 수도 있다(윤형숙, 2004).

대부분의 결혼이주여성은 한국인 남편과 시부모가 원하는 방식대로 순응하고 동화되기를 강요받는 가운데에서 적응하려고 노력하지만, 이기적인 자민족중심의 사고에서 출발한 한국인 남편과 시부모의 태도는 단순한 문화적 차이에서 오는 갈등으로 그칠 수 있는 문제를 오히려 뿌리 깊은 관계적 갈등으로 전환시키는 요인으로 작용하기도 한다.

다문화가족 결혼이주여성의 결혼만족도와 행복감에 대한 연구들을 살펴보면, 결혼이주여성이 한국인 남편과의 결혼만족도와 행복감에 영향을 미치는 요인은 결혼이주여성 개인적 차원과 사회적 차원으로 구분해 볼 수 있다. 개인적 차원은 결혼이주여성의 한국어 능력과 자아존중감의 수준을 말하는데, 결혼이주여성의 한국어 실력과 자아존중감 수준이 높을수록 결혼이주여성은 한국 문화 적응 과정에서 스트레스를 덜 경험하며 우울감을 덜 느끼는 것으로 나타났다(고은주, 2009; 양옥경, 김연수, 2007; 임정미, 2011).

사회적 차원은 결혼이주여성을 둘러싼 사회적 관계를 말하는 것으로 남편과의 관계, 자녀관계, 시부모관계 등을 말하는데, 결혼이주여성이 한국 문화 적응 과정에서 경험하는 스트레스의 요인들을 분석한 결과에서 결혼이주여성의 5명 중 1명은 스트레스를 받고 있으며, 그 원인으로 사회적 관계에서 느끼는 스트레스가 높은 비중을 차지하였다. 특히, 한국인 남편이 결혼이주여성인 아내의 모국 문화에 대한 이해가 낮고 문화적 차이에 대한 이해의 노력을 하지 않을 때 더욱 갈등이 커지는 것으로 나타났다(설동훈, 2005).

참고 자료

외국인이 오해하는 한국인의 습관, 한국인이 오해하는 외국인

다문화사회의 구성원으로서 적응적으로 살아가기 위해서는 다문화에 대한 에티켓에 대하여 알아둘 필요가 있습니다. 전라북도 교육청에서 발간한 "글로벌 에티켓 지도자료"의 내용 중 '외국인이 오해하는 한국인의 습관, 한국인이 오해하는 외국인의 습관'의 내용을 참고로 읽어보도록 합시다.

외국인이 오해할 한국인의 습관

① 꾸중을 들을 때 눈을 똑바로 바라보지 않는다: 한국 사람들은 꾸중을 들을 때 상대방을 똑바로 바라보면 꾸중을 받아들이지 않고 반항한다고 생각한다. 그래서 눈을 내리깔고 다소곳이 있어야 한다. 그러나 서양인들은 눈을 똑바로 바라보지 않으면 상대방에 대한 존경심이나 신뢰가 없고 정직하지 못한 사람이라고 생각한다.

② 상대방의 옷자락을 잡아당기는 경우: 우리나라 사람들은 상대방의 주의를 끌기 위하여 옷자락을 잡아당기는 일을 잘한다. 그러나 이러한 행동은 서양인들에게는 무례한 행동이 되어 아주 기분 나빠한다. 서양인들은 자신의 몸에 손을 대는 것은 자신만의 영역을 침범하는 행위로 간주한다.

③ 동성 간에 손을 잡고 다니는 행위: 우리나라 사람들은 동성 간에 손을 잡고 다니기를 좋아한다. 특히 여성들 사이에서는 동성 간에 손을 잡고 다니는 것을 친밀함을 나타내는 본보기라고 생각하고 있다. 그러나 서양인들은 동성 간에 손을 잡고 다니는 것은 동성연애자라고 생각하고 있다.

④ 술잔 돌리기: 우리나라 사람들은 술자리에서 자신이 마셨던 술잔을 상대방에게 권하는 것을 하나의 관습으로 생각하고 있으며 친밀감을 나타내는 방법이라고 생각하고 있다. 그러나 서양인들은 술잔을 돌리는 것은 비위생적이며 점잖지 못한 행동이라 생각하고 있다.

한국인이 오해할 외국인의 습관

① 식사 도중 코풀기: 우리나라에서는 생각지도 못할 식사 중 코풀기가 서양에서는 허용이 된다. 이것은 코를 훌쩍거리면서 참는 것보다는 차라리 코를 푸는 것이 낫다는 실용주의에서 발상된 것이다. 그러나 우리나라에서는 그런 행동은 허용이 되지 않는다.

② 손가락으로 사람을 가리키는 행위: 우리나라에서는 사람을 손가락으로 가리키면 대단히 기분 나빠한다. 그리고 무례한 행동이라 생각한다. 그러나 서양인들은 상대방의 관심을 끌기 위하여 흔히 사람을 향하여 손가락질을 한다.

③ 연장자의 이름 부르기: 우리나라에서는 손윗사람의 이름을 부르는 것을 무례한 행동이라고 생각한다. 부를 경우는 성에다 직함을 붙여서 불러야 한다. 그러나 서양에서는 손윗사람의 이름을 아무렇지도 않게 부른다. 오히려 친근감을 나타내기 위하여 이름을 불러줄 것을 요청하기도 한다.

외국인과의 교제상의 유의할 점

- 일본인에게 선물을 할 때는 흰 종이로 포장하지 않는다.
- 중국인에게는 괘종시계를 선물하지 않는다.
- 멕시코인이나 브라질 사람들에게는 자주색 꽃을 선물하지 않는다.
- 일본인에게는 흰꽃을 선물하지 않는다.
- 유럽에서는 짝수의 꽃을 선물하지 않는다.
- 프랑스인에게는 카네이션꽃을 선물하지 않는다.
- 중동인에게는 애완동물을 선물하지 않는다.
- 홍콩인에게는 같은 값이면 한 가지 선물보다 두 가지를 선물하는 것이 좋다.

2. 다문화가정 결혼이주여성을 위한 상담의 기본 원리

우리나라에서는 2006년을 기점으로 하여 결혼이주여성과 그 가족, 혼혈인, 이주자를 위한 사회통합 지원 방안이 발표됨에 따라 결혼이주여성과 다문화가족을 위한 서비스를 지원하고 제공하는 기관이 속속 생기고 있다. 그러나 결혼이주여성을 대상으로 한 서비스 내용을 살펴보면, 문화적응 프로그램과 결혼이주여성과 배우자를 위한 교육프로그램 등은 기획되고 있지만, 결혼이주여성의 갈등과 어려움에 대하여 문화적 차이와 개인적 특성을 고려한 상담이나 지원이라기보다는 일회적 행사나 획일적이고 전시성이 강한 내용이 많다고 볼 수 있다.

여성가족부(2010a)에서는 전국에 159개의 다문화가족지원센터를 설치, 운영하고, 점차 늘려나갈 예정이며, 4개 영역별 사업을 진행하는 것으로 알려져 있다. 즉, 기본 및 연계사업, 방문교육사업, 자녀언어발달지원 사업, 그리고 통역 · 번역사업이 포함된다.

기본 및 연계사업에는 한국어교육, 가족교육 및 다문화사회 이해, 가족상담, 자조모임, 취업, 창업 지원, 이중 언어 교실, 소비자교육 등이 세분화되어 있고, 방문교육 사업은 경제적 어려움과 지리적 접근성의 문제로 집단교육이 어려운 결혼이주여성을 대상으로 주 2회 방문교육을 통해 한국어교육, 아동양육지원, 임신 · 출산 서비스를 실시하는 것이다. 자녀언어발달지원 사업에는 아동 및 부모 상담, 아동평가분석, 개별 및 모둠 수업, 언어지도사의 슈

퍼비전 등이 포함되며, 통역 · 번역 사업에는 12개 언어로 일상생활, 의료, 법률, 교육 등의 분야의 지원이 실시되었다.

이러한 지원 사업에서 무엇보다 일상생활에서 중요하게 영향을 미치는 심리적 지원과 상담 분야의 경우 결혼이주여성의 수요는 비해 상담자와 상담소의 지원은 미미한 실정이라고 볼 수 있다(김혜온, 2012).

그러므로 결혼이주여성이 한국에서의 건강하고 행복하게 적응할 수 있도록 지원하고 도움을 줄 수 있는 전문적인 상담자가 필요하며, 이러한 상담자를 양성하고 효과적인 다문화상담을 수행하는데 필요한 기본적인 원리를 파악하여 따르는 것이 중요하다. 다문화상담의 기본적인 원리는 상담 전문성, 서비스의 적시성, 문화적 개방성, 적용의 유연성, 자원의 연계성 등이 포함된다. 이제부터 각 원리의 개념과 내용들에 대하여 살펴보도록 하겠다.

1) 다문화상담 전문성

다문화가족의 결혼이주여성을 대상으로 상담하기 위해서는 무엇보다 다문화에 대한 이해를 바탕으로 결혼이주여성이 겪는 문화적응 스트레스에 공감하고 결혼이주여성의 심리적인 문제와 가족관계의 문제를 해결하는데 도움을 줄 수 있는 전문가로서 신뢰성 있는 역량을 갖추어야 한다(한재희, 2012). 이러한 다문화상담 전문성을 확인하고 결혼이주여성의 상담을 실시하기 위해서는 실제적인 상담 영역에서 성공적인 상담 경력이 있어야 하는 전제가 필요하다.

결혼이주여성과의 상담을 실시하기에 앞서 다문화상담을 실시할 상담자가 전문성을 갖추기 위해서 필요한 역량은 다음과 같다. 첫째, 다문화에 대한 이해와 지식을 습득할 수 있는 능력이다. 상담자 역시 문화적 배경이 있기 때문에 상담자의 문화에 영향을 받지 않기 위해서 내담자인 결혼이주여성의 문화적 특징과 삶의 방식 등에 대한 지식과 정보를 쌓도록 해야 한다.

둘째, 다양하고도 새로운 상담이론에 대한 이해를 바탕으로 해야 한다. 효과적인 다문화상담을 실시하기 위해서는 간문화적으로 활용되고 있는 상담이론과 상담기술에 대한 지식을 습득하고, 다문화상담 시 필요하고도 적절한 상담이론을 적용할 준비를 갖추어야 한다.

셋째, 개인상담과 가족상담 분야에서 임상적 훈련과 경력을 쌓아서 다문화상담을 실제로 실시할 수 있는 전문성을 갖추어야 한다. 결혼이주여성과의 개인상담은 물론 결혼이주여성의 문제의 원인이자 함께 해결해야 하는 대상으로서 다문화가족을 대상으로 한 가족상담을 효과적으로 실시하기 위해서는 임상적인 훈련을 거쳐야 하며, 이에 대하여 다문화 분야의 전문성을 갖춘 수퍼바이저에게 지도감독을 받아 상담 사례를 다룰 수 있는 능력을 갖출 필요가 있다.

2) 상담 서비스의 적시성

다문화상담의 내용에는 결혼이주여성과 다문화가족 내에서 가족 간에 문화 차이로 인해 발생하는 어려움과 갈등에 초점을 맞춘 상담, 결혼이주여성 혹은 다문화가족 내 구성원 개인, 가족관계에 대한 일반적인 상담, 결혼이주여성에 대한 가정폭력, 성폭력, 인권유린, 학대 등의 위기상담과 위기상담이 발생될 가능성이 높은 다문화가족과 결혼이주여성 등을 대상으로 한 예방상담이 포함된다.

다문화상담자는 결혼이주여성과 다문화가족과 대면하게 되었을 때 발생한 문제의 시급성, 심각성, 문제의 지속 기간, 상담 혹은 개입 시점 등을 고려하여 결혼이주여성과 다문화가족의 문제에 정확하게 초점을 맞춘 서비스를 제공할 수 있어야 한다. 즉, 개인상담 및 가족상담, 위기상담, 예방상담 등을 구분하여 각 호소 내용을 가장 효과적으로 해결할 수 있는 상담 방법과 상담 서비스를 모색해야 한다.

특히, 위기 상황의 경우 다른 서비스 기관과 연계하여 빠른 시간 내에 발생한 상황과 내담자에게 실제적으로 도움을 제공할 수 있는 효율적인 서비스 체계와 구조, 정보를 갖추어야 한다. 이를 위해서 다문화상담자는 결혼이주여성과 다문화가족의 문제 해결에 도움을 줄 수 있는 연계 기관에 대한 정보를 기본적으로 숙지하여 적시적으로 활용, 적용해야 한다. 또한, 결혼이주여성과 다문화가족들은 대부분 복지적 차원의 문제와 어려움에 처해 있을 가능성이 매우 높기 때문에 사회복지의 사례관리적 차원에서 접근할 수 있는 능력도 필요하다.

3) 문화적 개방성

다문화상담자가 결혼이주여성의 출신국가별로 모든 문화에 대한 정보를 알 수는 없다. 다문화에 대한 정보와 이해에 앞서 다문화상담자가 갖추어야 하는 가장 중요한 태도는 바로 내담자의 문화에 대한 열린 태도 즉, 문화적 개방성의 자세이다. 이러한 태도와 자세는 상담 현장에서 문화적 차이로 인해 발생할 수 있는 상담자와 내담자 간의 왜곡된 해석을 방지하기 위해서 반드시 필요하다.

상담자는 모든 문화의 의식주, 의식, 가치를 모두 파악할 수는 없기 때문에 상담자로서 갖추어야 하는 태도 즉, 상담자와 내담자는 다른 가치와 문화적 인식을 가지고 있다는 점을 수용하고 인정하는 열린 마음을 갖추어야 한다.

같은 한국 내에서도 지역에 따라 문화 양식이 다른 것처럼 같은 아시아권이라고 하더라도 한국과 베트남, 중국, 필리핀, 일본 등의 국가의 문화는 상당히 차이가 크며, 상이한 문화적 배경을 가졌다고 말할 수 있다. 그러므로 다문화상담자는 각 결혼이주여성의 문화적 배경과 차이에 대한 수용을 잊지 않도록 해야 하며, 상담자 자신이 가지고 있는 문화적 관점으로 해석하지 않도록 노력해야 한다.

4) 상담체계 및 상담기법 적용의 유연성

다문화가족과 결혼이주여성을 대상으로 상담을 할 경우 다양한 연령대와 문화적 상황들이 돌발적으로 나타나기 때문에 상담체제 및 상담기법에 있어서 유연하고 융통적으로 사용할 수 있는 역량이 필요하다. 일반적으로 실시하는 개인상담에서는 대부분 언어에 의존하여 상담을 진행하지만, 다문화가족과 결혼이주여성의 경우에는 언어의 미숙함으로 인해 언어에 의존한 상담을 실시하기가 불가능하다. 그러므로 행동적 기법, 비언어적인 표현방식에 대한 학습과 정보를 통해 적절한 상담기법을 적용할 줄 아는 역량을 갖추어야 한다. 최근 들어 다문화가족을 대상으로 한 미술이나 음악 등의 표현 방식이 비언어적인 기법으로서 상당히 효과가 있는 것으로 알려져 있다. 상담기법 뿐만 아니라 문화적으로 오해가 발생하지 않고 문제의 핵심에 다가갈 수 있는 질문기법도 다양하게 준비하는 것이 필요하다.

또한, 상담실에서만 실시하는 상담이 아닌 찾아가는 아웃리치(out-reach) 상담 서비스의 방법과 결혼이주여성과 다문화가족에 적절한 상담 회기 등을 탐색하여 실시하는 융통성도 필요하다. 고정된 상담 시스템과 틀에 맞추어 상담을 실시하기 보다는 결혼이주여성과 다문화가족의 편의와 상황에 따른 상담을 실시하려는 유연한 모습을 갖추어야 한다.

결혼이주여성 대부분은 상담을 위해 내원했을 때 상당한 불안감과 걱정을 느끼므로 내담자의 정서적 안정을 위하여 내담자의 종교와 관련된 종교 지도자, 내담자의 문화를 이해하고 수용할 줄 아는 지원자를 함께 포함하는 융통적인 상담 체제를 적용하는 방법도 효과적이다.

5) 자원의 연계성

결혼이주여성뿐만 아니라 다문화가족이 겪고 있는 어려움과 갈등은 단순히 심리적인 차원의 어려움만이 아니다. 생계 유지 문제, 자녀교육비 문제 등을 포함하는 경제적 문제, 가정폭력, 학대 등과 관련한 위기 문제, 인권 유린, 사회적 차별, 신분 보장 등이 관련되어 있는 법률적인 문제 등 다양한 측면의 문제들이 서로 연결되어 있다. 그러므로 다문화상담자는 단순히 개인의 심리적인 측면에만 초점을 맞추는 것이 아니라 사회복지적 차원, 법률적 지원, 경찰의 개입 등 결혼이주여성과 다문화가족이 겪을 수 있는 삶의 위기를 해결하는데 결정적인 도움을 줄 수 있는 다양한 자원과 연계하여 실제적인 해결 방안을 제시해 줄 수 있도록 해야 한다. 즉, 다문화상담자는 내담자와의 상담과 관련한 전문성뿐만 아니라 공식적으로 활용하고 연계할 수 있는 다양한 자원에 대한 정보 숙지와 적절한 정보를 순발력있게 적용하는 역량을 갖추어야 한다.

참고 자료

결혼이주여성의 문화적응 스트레스 측정하기

결혼이주여성들은 다른 가정의 여성보다 스트레스가 상당히 심한 편이라고 볼 수 있습니다. 문화적응으로 인해 발생하는 스트레스뿐만 아니라 가족관계, 부부관계 등에서 경험하는 스트레스가 상당한 것으로 알려져 있습니다. 이러한 스트레스가 누적되면 정신병리적인 문제로 이어지기도 합니다. 결혼이주여성의 이 내담자로 오게 되었을 때 스트레스를 측정할 수 있는 진단도구를 통해 평소 스트레스의 수준이 어느 정도 인지 살펴보는 것도 하나의 방법이 될 수 있습니다.

1. 신체적 증상
- 숨이 막힌다.
- 목이나 입이 마른다.
- 잠을 잘 자지 못한다.
- 머리가 아프다.
- 눈이 쉽게 피로해진다.
- 목이나 어깨가 자주 아프다.
- 가슴이 답답해서 토할 것 같다.
- 먹고 싶은 생각이 줄어 밥맛이 없다.
- 변비나 설사가 있다.
- 쉽게 피곤해진다.

2. 행동상의 증상
- 불평, 불만이 많아졌다.
- 어떤 일을 할 때, 실수를 더 많이 하게 된다.
- 술을 더 많이 먹는다.

- 필요 이상으로 일에 몰입한다.
- 말수가 적어지고, 혼자 생각에 잠기는 때가 많다.
- 말수가 많고, 말도 되지 않는 주장을 펼칠 때가 있다.
- 사소한 일에도 화를 잘 낸다.
- 옷 입는 것이나 화장하는 것에 관심이 없어졌다.
- 사무실에서 개인적인 전화를 하거나 화장실에 가는 횟수가 증가한다.
- 결근, 지각, 조퇴가 증가한다.

3. 심리, 감정상의 증상
- 언제나 초조해 하는 편이다.
- 화를 잘 낸다.
- 집중이 잘 안 되고, 참을성이 없어졌다.
- 기억을 잘 하지 못하고, 잘 잊어버린다.
- 쉽게 기분이 우울해진다.
- 뭔가를 하는 것이 귀찮다.
- 의심이 많아지고 어떤 일을 결정할 때 망설이는 편이다.
- 하는 일에 자신이 없고 쉽게 포기한다.
- 무언가 하지 않으면 진정할 수가 없다.
- 성급한 판단을 내리는 경우가 많다.

각 영역 4개 미만: 정상입니다.
각 영역 4개 이상: 전문가의 상담이 필요합니다.

내담자는 자신이 어떤 상태인지 인식하는 것만으로도 회복의 가능성이 있으므로 먼저 정확한 진단을 중요하게 생각해야 합니다.

3. 다문화가족상담의 경로체계

일반적인 상담과 마찬가지로 결혼이주여성이 당면하는 여러 가지 문제들에 대한 상담을 원활히 진행하기 위해서는 상담의 과정과 절차가 필요하다. 다문화가족상담의 체계과정에 대한 연구(한재희, 2010)에서 제시하고 있는 다문화가족상담의 경로체계는 효과적인 결혼이주여성 대상의 상담과정과 절차를 보여주고 있다. 다음과 같은 절차에 따라 다문화상담을 진행하는 것이 효과적인 상담결과를 얻을 수 있다.

1) 다문화가족상담의 경로체계

다문화가족상담은 일반상담과 마찬가지로 접수(intake)부터 시작해서 추수상담에 이르기까지의 상담을 실시하는 전문적 과정과 흐름에 따라 진행하는 것이 바람직하며, 각 단계별로 수행해야 할 내용을 숙지하여 실시하여야 한다.

(1) 1단계

1단계는 사례 발굴 및 접수면접단계이다. 일반상담과의 차이점을 살펴보면, 일반상담의 경우 내담자가 상담을 위해 내원하여 접수와 면접을 실시하지만, 다문화가족상담의 경우, 상담을 필요로 하는 내담자인 결혼이주여성이 내원할 수도 있지만, 내담자의 편의를 위하여 찾아가는 상담(out-reach) 즉, 방문상담도 가능하며, 내담자가 위탁하고 있는 기관에 찾아가서 상담을 실시할 수도 있다는 것이다. 1단계에서 수행하는 상담 내용을 정리하면 다음과 같다.

- 사례 발굴 및 접수면접단계
- 상담을 필요로 하는 사례가 센터의 네트워크나 홍보 및 개별적인 방문, 타 기관 위탁 등을 통해 다문화가정 상담자와 연결되는 단계
- 접수면접은 전화 상담이나 직접면접으로 실시
- 접수면접을 통하여 내담자 사례에 대한 기본적인 사항을 파악

(2) 2단계

1단계의 사례 발굴 및 접수면접단계를 거치고 나면 사례의 배분회의를 진행하게 된다. 사례배분회의를 실시하는 이유는 결혼이주여성의 문화적 배경과 특성, 호소문제의 특성 등을 고려하여 개인 및 가족상담 여부를 결정하고 이에 적합한 상담자를 배분하는 것이다. 일반상담 과정 역시 사례분석을 통한 사례배분회의를 거치지만, 다문화상담의 경우는 상담자가 내담자인 결혼이주여성의 문화를 어느 정도 이해하고 파악하고 있는지에 대해서도 고려해야 한다. 2단계에서 수행되는 상담 내용을 정리하면 다음과 같다.

- 사례배분회의의 단계
- 접수면접을 통해 얻은 정보를 기반으로 개인 상담 혹은 집단상담을 위해 적합한 상담자를 정하는 단계

(3) 3단계

3단계에서는 사례배분회의를 거쳐 다문화상담자와 내담자가 결정되면, 내담자와 내담자의 호소 문제를 평가하면서 사례를 개념화하는 단계이다. 이 때 내담자의 호소 문제가 위기 상황 즉, 가정폭력, 성폭력, 학대, 인권유린, 자살 시도, 우울을 비롯한 중증의 정신적 문제 등 생명과 인권에서 심각한 위협을 받는 상황이라고 한다면, 위기 상담으로 전환하여 연계 기관과 연결하여 빠른 개입을 시작하는 것이 바람직하다.

내담자 평가를 실시할 때, 결혼이주여성이 한국어 실력을 고려하여 언어적으로 구성된 심리검사를 사용하는 것은 가급적 피하는 것이 좋다. 대체로 이러한 경우에는 비구조적 검사에 해당하는 그림검사, 투사검사 등을 활용하는 것이 적절하다. 또한. 가족 상담을 실시할 경우, 가족 내에서 나타나는 갈등과 문제, 가족간의 역동 등을 파악하기 위해서는 가족사정방법 등을 활용하여 종합적으로 평가할 수 있도록 해야 한다. 3단계에서 수행하는 상담 내용을 정리하면 다음과 같다.

- 내담자 평가 및 사례개념 단계
- 접수된 사례가 위기 상황으로 파악되면 신속히 위기 개입으로 전환하여 직접적이고도 신속한 상담을 진행하는 것이 바람직함
- 위기상황이 아닌 경우 상담자는 초기면접과 심리검사 및 가족사정방법 등을 활용한 내담자 평가와 사례개념을 기반으로 개입전략을 세움

(4) 4단계

4단계에서는 내담자인 결혼이주여성이나 다문화가족의 호소 문제를 해결할 수 있는 개입전략을 적용하도록 한다. 다문화가족 내 의사소통의 문제, 문화 차이의 문제, 결혼이주여성의 한국어 미숙의 문제, 문화 적응 스트레스 등의 문제 등에 대해서는 상담자의 판단에 따라 집단적으로 실시하도록 유도하는 방법도 가능하며, 결혼이주여성의 특성에 따라 개인 상담으로 진행해도 무방하며, 호소문제나 가족 간의 역동을 고려하여 두 개 이상의 개입전략을 동시에 혹은 순차적으로 적용하는 것도 가능하다. 4단계에서 수행하는 상담 내용에 대하여 정리하면 다음과 같다.

- 개입전략 단계
- 내담자의 필요 및 요구와 상담자의 판단에 따라 센터 내의 프로그램이나 집단상담으로의 연계 등이 가능
- 경우에 따라 타 기관으로 연계
- 두 개 이상의 개입전략 적용 가능

(5) 5단계

5단계는 내담자인 결혼이주여성의 호소문제 해결 여부나 변화를 점검하는 단계로서 종결 단계 시점에서 평가도 가능하지만, 모든 단계를 거치면서 결혼이주여성과 다문화가족의 문제 해결 여부에 대한 평가를 실시할 수도 있다. 평가는 내담자와 다문화가족 평가 단계에서 적용했던 평가방법을 다시 활용할 수도 있으며, 상담자가 상담을 진행하면서 관찰을 통해 매 회기마다 평가할 수도 있다. 5단계에서 수행하는 상담 내용을 정리하면 다음과 같다.

- 평가 단계
- 상담자와 내담자는 적절한 시간이 지날 때마다 진행정도를 평가하며 미해결 과제가 있으면 그에 대한 새로운 개입전략을 수립

(6) 6단계

6단계는 종결단계로서 종결에 이르기 전에 내담자인 결혼이주여성과 다문화가족에게 종결에 대하여 미리 논의하는 것이 바람직하다. 종결 시점에서 갑자기 종결하게 되면 내담자가 마음의 준비가 되지 않은 채 상담자에게 전이가 일어날 수 있으므로 종결하기 몇 회기 전에 종결에 대하여 미리 알리고 내담자가 준비할 수 있는 시간을 제공해야 한다. 특히, 결혼이주여성과 다문화가족의 경우, 상담 장면에서는 막상 해결된 것처럼 보이지만, 문화 차이 해결은 단시간 내에 해결되지 않는 복합적인 문제에 관한 것이므로 일상생활에서는 다시 갈등과 문제가 발생할 수 있다. 이에 대하여 내담자에게 충분히 알려주고 언제든지 추수 상담을 진행할 수 있음을 설명해 주도록 해야 한다. 6단계에서 수행하는 상담 내용을 정리하면 다음과 같다.

- 종결 단계
- 상담의 진행 정도가 충분하여 더 이상의 개입이 불필요한 시점이 되면 종결함
- 종결은 종결을 위한 평가와 상담자의 종결절차에 따라 이루어짐
- 종결된 사례는 추수상담과 사후관리를 받으며 재개입이 필요한 상황이 발생한 경우 전반적인 절차를 다시 밟게 됨

다문화아동가족상담 연습

결혼이주여성을 비롯하여 다문화가족을 대상으로 상담을 실시할 경우에는 상담자는 다양한 역량과 지식이 필요로 합니다. 특히, 다문화가족상담에서는 다문화가족과 결혼이주여성의 호소 문제를 진단, 평가하는 훈련이 필요로 합니다. 한국어를 사용하는 것이 미숙하기 때문에 언어적인 방법 이외의 진단과 평가방법을 적용해야 하기 때문입니다.

다음과 같은 적응의 문제를 겪고 있는 가상의 다문화가족의 이야기를 듣고 어떤 방법으로 진단 및 평가와 상담을 실시할 지에 대하여 고민해 보시기 바랍니다.

지금 내방한 다문화아동의 상담은 아동의 담임선생님께서 의뢰하신 것입니다. 내담자 아동은 어머니가 몽골 출신의 결혼이주여성이며, 아버지는 한국인입니다. 어머니는 일상적인 생활에 대한 대화를 한국어로 소통하실 수 있지만 읽고, 쓰기는 불가능합니다.

내담자 아동은 현재 10살이며, 교실에서 학습태도가 부주의하고, 산만하며, 집중하지 못하는 모습을 보입니다. 숙제를 해 오는 경우가 거의 없으며, 알림장도 정리되어 있지 않습니다. 쉬는 시간에 자신을 놀리는 친구들을 향해 공격적인 행동을 하거나 주변의 물건을 부수려는 행동을 보입니다. 최근 이러한 행동이 찾아져서 담임 선생님께서 면담을 해 보셨지만, 무슨 일이 있었는지 말을 하지 않았습니다.

담임 선생님께서는 더 문제가 심각해 지시 전에 이를 해결하기 위해서 상담을 요청하셨습니다.

■자신이 다문화아동을 상담하는 상담자라고 한다면, 어떤 방법을 활용하여 다문화아동의 문제를 진단, 평가해보시겠습니까?

■내담자인 다문화아동의 문제를 해결하기 위해서 어떤 절차와 과정을 거쳐서 상담을 진행할 지에 대하여 자신의 생각을 적어보시기 바랍니다.

■내담자인 다문화아동의 문제를 해결하기 위해서는 개인 상담을 진행하는 것이 효과적일지, 가족 상담으로 진행하는 것이 효과적일지에 대하여 선택하고 왜 그런지에 대하여 적어보도록 합시다.

◐ 주요 핵심내용 정리 ◑

1. 다문화가정 결혼이주여성의 문제

- 다문화가정 결혼이주여성은 문화적 적응 이외에도 결혼이주여성에 대한 잘못된 인식, 인종차별 등의 문제와 다양한 부분에서 스트레스를 겪게 됩니다. 이러한 문제들로 인해 다문화가정 결혼이주여성은 심리적인 어려움뿐만 신체적, 경제적 측면에서도 부정적인 결과가 나타납니다.

2. 다문화가정 결혼이주여성을 위한 상담의 기본원리

- 다문화가정의 결혼이주여성을 대상으로 상담을 수행하기 위해서 필요한 기본적인 원리가 있습니다. 다문화가정 상담 전문성, 서비스의 적시성, 문화적 개방성, 적용의 유연성, 자원의 연계성입니다.

3. 다문화가정 상담의 경로체계

- 다문화가정 결혼이주여성이 당면하는 여러 가지 문제들에 대한 상담을 원활히 진행하기 위해서는 상담의 경로체계에 입각하여 진행하는 것이 보다 효과적입니다.
- 1단계는 사례 발굴 및 접수면접단계이며, 2단계는 사례배분회의의 단계, 3단계 내담자 평가 및 사례개념 단계, 4단계는 개입전략 단계, 5단계는 평가 단계, 6단계 종결 단계입니다.

‖ 참고문헌 ‖

경기도가족여성개발원(2007). 경기도 내 국제결혼 이민자가족 실태조사 및 정책적 지원방안 연구.

경기도다문화교육센터 편(2009). 다문화교육의 이론과 실제(개정판). 파주: 양서원.

고은주(2009). 결혼이주여성의 문화적응 스트레스, 가정폭력, 사회적 지지, 자아존중감, 외상후 스트레스와 심리건강의 관계. 전남대학교 석사학위논문.

교육과학기술부(2010). 2010년 다문화가정 학생지원계획.

교육과학기술부(2011). 다문화 학생현황.

곽윤정(2004). 정서지능 교육프로그램 모형개발 연구. 서울대학교 대학원 박사학위논문.

국가인권위원회(2008). 특히 취약한 계층의 정신보건 및 인권실태 조사.

국가인권위원회(2009). 다문화 인권정책의 현안과 과제.

권복순, 차보현(2006). 농촌지역 코시안 가정주부의 의사소통능력, 문화적 정체성이 결혼만족도에 미치는 영향. 한국사회복지학, 58(3), 109-134.

권순희(2007). 다문화 가정 자녀의 상담 지도 사례. 국어교육학연구, 29. 127-174.

권태환, 박광성(2005). 국내 조선족의 사회적응과 정책-조선족 노동자 집단의 형성. 최협 · 김성국 · 정근식 · 유형기 편. 한국의 소수자, 실패와 전망. 424-444. 서울: 한울.

김갑성(2006). 한국 내 다문화가정의 자녀교육 실태조사 연구. 서울교육대학교 대학원 석사학위논문.

김경근, 백병부, 권순정(2010). 국제결혼가정 아동의 학교적응에 관한

연구: 서울 C초등학교 사례를 중심으로. 한국교육학연구, 16(1), 215-245.

김경란(2007). 다문화가정 자녀의 자아정체감과 사회적 지지가 사회적응에 미치는 영향. 국민대학교 대학원 석사학위논문.

김계현(2001). 적용영역별 접근 상담심리학개론(개정증보판). 서울: 학지사.

김나영(2007). 국제결혼 이주여성의 생활만족에 관한 연구: 사회적 지지와 사회참여를 중심으로. 이화여자대학교 석사학위논문.

김남희(2006). 희망과 사회적지지, 대처방식이 심리적 안녕감에 미치는 영향. 가톨릭대학교 석사학위논문.

김민정, 유명기, 이혜경, 정기선(2006). 국제결혼이주여성의 딜레마와 선택: 베트남과 필리핀 아내의 사례를 중심으로. 한국문화인류학회, 39(1), 153-193.

김유경(2009). 다문화가족의 실태와 정책방안. 보건복지포럼, 5월, 29-52.

김은경(2010). 다문화가정 모-자녀의 긍정심리성향 증진을 위한 긍정심리 프로그램 개발. 명지대학교 대학원 박사학위논문.

김은실(2007). 결혼이주여성의 문화적응스트레스, 사회적 지지와 사회적응. 충북대학교 석사학위논문.

김인철(2008). 여성결혼이민자의 결혼만족에 영향을 미치는 요인에 관한 연구. 서울시립대학교 석사학위논문.

김정혜(2009). 국제결혼이주여성의 삶의 만족도에 관한 연구. 서울시립대학교 석사학위논문.

김한곤(2009). 농촌지역 국제결혼 이주여성의 생활적응에 영향을 미치는 요인: 경북 농촌지역을 중심으로. 한국농촌사회학회, 19(1), 83-120.

김혜온(2012). 다문화교육의 심리학적 이해. 서울: 학지사.

남복현(2010). 다문화가족의 이해. 서울: 장서원.

문용린(1997). 성인용 정서지능 검사. 서울: 대교출판사.

박경민(2009). 다문화가족 자녀의 환경적 요인이 사회적응에 미치는 영향: 사례연구를 중심으로. 고려대학교 석사학위논문.

박순희(2009). 다문화가족 아동의 특성과 사회적응. 한국아동복지학, 29, 124-154.

박외숙(1996). 다문화적 상담과정에서 나타나는 개인주의-집단주의 가치에 대한 검토. 한국심리학회 창립50주년 동계 연구 세미나 자료.

박은진(2007). 국제결혼이주여성들의 문화적응 스트레스 그리고 심리적 건강. 충남대학교 석사학위논문.

박은혜(2009). 다문화가정 아동이 지각한 부모의 양육태도 및 사회적 지지가 학교적응에 미치는 영향: 자아존중감의 매개효과를 중심으로. 경북대학교 석사학위논문.

법무부 출입국, 외국인정책본부(2007-2010). 출입국통계연보.

법무부 출입국, 외국인정책본부(2011). 2010출입국 · 외국인정책 연감.

보건복지부(2008). 다문화가족지원을 위한 다문화사회 이해.

보건복지부(2010). 국제결혼 이주여성 실태조사 및 보건, 복지 지원 정책 방안. 서울: 보건복지부

빈부격차차별시정위원회(2006). 여성결혼이민자 가족의 사회통합지원 방안. 서울: 빈부격차차별시정위원회.

사단법인 국경없는 마을(2006). 사단법인 국경없는 마을 리플릿. http://www.bvillage.org.

서은경(2013). 다문화가정 부부갈등과 자녀 사회적응의 관계: 사회적 지지와 자아탄력성의 매개효과. 단국대학교 박사학위논문.

서 현, 이승은(2007). 어머니의 부모 효능감 및 양육 스트레스와 유아의 감성지능과의 관계. 아동학회지, 28(4), 127-144.

설동훈(2004). 외국인노동자 문제의 배경, 실천문학, 74, 220-230.

설동훈, 김윤태, 김현미, 윤홍식, 이혜경, 임경택, 정기선, 주영수, 한건

수(2005). 국제결혼이주여성 실태조사 및 보건 · 복지 지원 정책 방안. 서울: 보건복지부.

설동훈, 이혜경, 조성남(2006). 결혼이민자의 가족생활: 심층면접 기록. 서울:여성가족부.

신경희(2005). 국제결혼 가족의 부부갈등 요인에 관한 연구: 한국남성과 필리핀 여성의 부부관계를 중심으로. 조선대학교 대학원 석사학위논문.

신경희, 양성은(2006). 국제결혼가족의 부부갈등에 관한 연구. 대한가정학회지, 44(5), 1-8.

신란희(2005). 국제결혼 여성의 가족, 일 그리고 정체성: 우주베키스탄과 필리핀 여성의 생애사 연구. 서울대학교 대학원 석사학위논문.

신혜정(2007). 다문화가정 자녀의 자아정체성에 영향을 주는 요인에 관한 연구. 이화여자대학교 석사학위논문.

안정임·전경란·김양은 엮음(2009). 『다문화와 미디어교육』. 서울: 방송통신위원회·한국전파진흥원.

안현정(2003). 국제결혼부부의 결혼만족에 대한 연구: 한국남성과 필리핀 여성 부부를 중심으로. 초당대학교 대학원 석사학위논문.

양순미(2007). 농촌 국제결혼부부의 적응 및 생활실태에 대한 비교분석: 중국, 일본, 필리핀 이주여성 부부중심, 농촌사회, 16(2), 151-179.

양옥경, 송민경, 임세와(2009). 서울지역 결혼이주여성의 문화적응스트레스에 관한 연구. 한국가족관계학회지, 14(1), 137-168.

양정화(2005). 이주여성의 차별과 폭력경험에 관한 실태조사 연구: 경남지역을 중심으로. 경남대학교 대학원 석사학위논문.

여성부(2008). 국제결혼 전, 이것만은 꼭 알아두세요. 국제결혼 정보제공 프로그램 강사 매뉴얼.

여성가족부(2010a). 2009년 전국다문화가족 실태조사연구. 정책보고서 2010-06.
여성가족부(2010b). 2010년 다문화가족지원사업 성과.
오경석 외(2007). 한국에서의 다문화주의 현실과 쟁점. 서울: 한울.
오성배(2009). 외국인 이주노동자 가정 자녀의 교육 실태와 문제 탐색. 한국교육사상연구회 학술논문집, 44, 1-22.
(2007). 국제결혼 가정 자녀의 교육 기회 실태와 대안 모색. 인간연구, 12, 1-15.
(2006). 한국 사회의 소수 민족(ethnic minority), '코시안(Kosian)'아동의 사례를 통한 다문화 교육의 방향 탐색. 교육사회학연구, 16(4), 137-157.
유명기(1997). 외국인 노동자와 한국문화. 미래인력연구센터.
이성미(2012). 『다문화정책론』. 서울: 박영사.
이순형 외(2006). 농촌 여성결혼이민자 정착 지원방안. 농림부 용역보고서.
이순형, 조수철, 김창대, 진미정(2007). 탈북 가족의 적응과 심리적 통합. 서울: 서울대학교 출판부.
이승신(2009). 여성결혼이민자의 심리적 복지에 영향을 미치는 요인에 관한 연구. 서울시립대학교 석사학위논문.
이영주 (2007). 국제결혼한 여성의 자녀에 대한 심리사회적 적응에 영향을 미치는 보호요인에 관한 연구. 한국심리학회지: 여성, 12(2), 83-105.
이윤호(2006). 베트남 국제결혼가정 이주여성의 문화적응 스트레스에 관한 연구-사회자본을 중심으로. 강남대학교 석사학위논문
이지애 (2007). 다문화가정 아동과 일반가정 아동의 학교적응에 관한 비교연구. 고려대학교 대학원 석사학위논문.
이창호·오성배·정의철·최승희(2007). 『소수집단 청소년들의 생활실태 및 지원방안 연구』. 서울: 한국청소년정책연구원.
임정미(2011). 결혼이주여성의 심리 · 사회적 요인이 우울에 미치는 영

향. 경남대학교 석사학위논문.

임혁(2010). 여성결혼이민자의 정신건강 영향요인에 관한 연구. Mental Health & Social Work, 34, 189-221.

임혜경(2004). 국제결혼 사례별로 나타난 가족문제에 따른 사회복지적 대책에 관한 연구. 대구대학교 석사학위논문.

전봉자(2009). 다문화가정 아동의 문제점과 지원 방안. 가야대학교 석사학위논문.

정경운(2007). 이주여성의 사회문화적 정체성에 관한 연구. 아시아여성연구, 46(1), 97-139.

정병호(2005). 환상과 부적응-탈북 이주민에 대한 남한사회의 인식혼란과 그 영향. 최협·김성국·정근식·유형기 편. 한국의 소수자, 실패와 전망, 381-400. 서울: 한울.

조영달 외(2006a). 『다문화과정의 자녀교육 실태조사』. 교육인적자원부.

조영달 외(2006b). 다문화가정 교육 지원을 위한 자료 개발 연구. 교육인적자원부.

조혜영, 서덕희, 권순희(2008). 다문화가정 자녀의 학업수행에 관한 문화기술적 연구. 교육사회학연구, 18(2), 105-134.

최명민(2010). 결혼행복감의 결정요인 분석: 소득수준별 차이를 중심으로. Korean Journal of Family Social Work, 29, 85-114.

최정자(2009). 결혼이주여성의 부부갈등이 결혼만족도에 미치는 영향 연구. 성결대학교 석사학위논문.

통계청(2010). 국제결혼이주여성현황. 서울: 통계청

통계청(2011). 인구동태통계연보.

통일부(2010-2011). 통일백서.

하 밍 타잉(2005). 1992년 이후 한국과 베트남 사이의 국제결혼에 대한 연구-베트남 여성의 문화적 적응을 중심으로. 서울대학교 석사학위논문.

한건수(2010). 다문화사회 이해. 2010 다문화가족 방문교육사업 양성교육 공통교재(보건복지가족부), 7-18.

(2005). 타자 만들기: 한국사회와 이주노동자의 재현. 최협・김성국・정근식・유형기 편. 한국의 소수자, 실패와 전망, 445-468. 서울: 한울.

(2006). 농촌지역결혼이민자 여성의 가족생활과 갈등 및 적응. 한국문화인류학, 39(1), 195-219.

한경구(2008). 다문화사회란 무엇인가? 유네스코 아시아・태평양 국제이해교육원 편. 다문화사회의 이해: 다문화교육의 현실과 전망. 서울: 동녘.

한국이주여성인권센터(2008). 결혼이주여성인권백서.

한규석(2003). 한국인의 특징에 대한 문화심리학적 조명적 관점, 한국상담학회 현실역동상담학술세미나 자료집.

한만길 외(2010). 탈북청소년 통합적 교육지원 방안 연구. 서울: 한국교육개발원.

한재희(2004). 한국문화와 다문화 목회상담. 목회와 상담, 5, 102-111.

(2010). 다문화가족지원센터 상담체계 활성화를 위한 운영메뉴얼 개발 연구보고서. 여성가족부.

(2012). 한국적 다문화상담. 서울: 학지사.

허미화 (2008). 한국사회의 다문화적 변화와 국제결혼가정 유아의 교육환경 고찰. 유아교육연구, 28(1), 265-281.

행정안전부(2012.07). 『2012년 지방자치단체 외국인주민 현황』. 서울: 행정안전부.

홍기혜(2000). 중국 조선족 여성과 한국 남성 간의 결혼을 통해 본 이주의 성별 정치학. 이화여자대학교 석사학위논문.

홍진주(2005). 몽골출신 이주노동자 자녀의 심리사회적 적응에 관한 연구. 이화여자대학교 석사학위논문.

황매향 외(2012). 다문화교육의 이해와 실천. 서울: 학지사.

황매향, 고홍월(2009). 초등교사를 위한 다문화상담 길잡이. 서울: 학지사.

황매향, 고홍월, 강유임(2008). Muti-어울림 다다우친: 다문화가정 아동의 적응 및 대인관계 향상 프로그램. 수원: 경기도청소년상담지원센터.

황매향, 김진영, 고홍월(2010). 초등교사의 다문화가정 아동 지도 경험. 아시아교육연구, 11(1), 147-167.

황정미 외(2007). 한국사회의 다민족, 다문화 지향성에 대한 조사 연구. 한국여성정책 연구원.

Belle, D.(1982). Social ties and social support. In D. Belle(Ed.), Lives in stress: Women and depression(pp. 168-181). Beverly Hills, CA: Sage.

Berry, J. W.(1992). Acculturation and adaptation in a new society. International Migration, 30, 69-85.

Cochran, M., & Brassard, J.(1979). Child development and personal social networks. Child Development, 50, 609-615.

Goleman, D. (1995). Emotional intelligence. New York: Bantam Books.

Grych, J. H., & Fincharm, F. D. (1990). Marital conflict and children's adjustment: a cognitive-contextual framework. Psychological Bulletin, 108, 267-290.

Jeynes, W. H.(2003). A meta-analysis: The effects of parental involvement on minority children's academic achievement. Education and Urban Society, 35(2), 202-218.

Keats, D.(1997). Culture and the Child: A child care and development(1st ed.). 김영화 옮김(2010). 『다문화 사회와 어

린이』. 서울: 한울.

Mahoney, G., Robinson, C., & Powell, A.(1992). Focusing on parent-child interaction: the bridge to developmental appropriate practices. Topics in Early Childhood Special Education, 12(1), 105-120.

Pedersen, P. B., & Carey, J. C.(2002). Multicultural counseling in schools: A practical handbook(2nd ed.). Alexnadria, VA: American Counseling Association.

Sue, D. W., Arredondo, P., & McDavis, R. J.(1992). Multicultural counseling competencies and standards: A call to the profession. Journal of Counseling & Development, 70, 477-486.

Sue, D. W., Irey, A. E., & Pedersen, P. B.(2008). 다문화 상담의 이론과 실제(김태호 외 공역). 서울: 태영출판사.

Taylor, C.(1992). Multiculturalism and "the politics of recognition."Princeton, NJ: Princeton University Press.

UNESCO(1995). Multiculturalism: A Policy response to diversity, paper prepared on the occasion of the 1995 Global Cultural Diversity Conference by management of Social Transformation, 26-28.

Ward, C., & Kennedy, A.(1996). Crossing cultures: The relationship between psychological and socio-cultural dimension of cross-cultural adjustment. In J. Pandy, D. Sinha, & D. P. S. Bhawuk(Eds.), Asian contributions to cross-cultural pshchology(pp. 289-306). Thousand Oaks, CA: Sage Publications.

Welfel, E. R., & Patterson, L. E.(2008). 상담과정의 통합적 모델(한재희 역). 서울: 시그마프레스.

Zeinder, M,, Roberts, R. D., & Matthews, G. (2002). Emotional intelligence: science and myth. MIT Press.

인터넷 참고 자료

[네이버 지식백과] 다문화 아동과 다문화 교육 (다문화 커뮤니케이션, 2012, 커뮤니케이션북스)

서울신문(2013년 1월 24일), '다시 개천에서 용 나는 사회를': 교육 마이너리티의 그늘, (http://www.seoul.co.kr/news/newsView.php?id=20130124002006)

|| 저자소개 ||

곽윤정

학력 및 경력>>

- 서울대학교 교육심리학 전공 석·박사
- 美 미네소타 대학교 박사후 과정(post-doctoral degree) 이수
- 현 세종사이버대학교 상담심리학과 교수

저서>>

- "EQ를 높이려면 이렇게 하자" (2001). 대교출판사
- "속터지는 영희 엄마, 속풀리는 혜리 엄마" (2007). 교육부
- "부모를 위한 정서지능 다이어리" (2008). 북스넛 출판사
- "아동을 위한 정서지능 다이어리" (2008). 북스넛 출판사.
- "내 아이의 강점지능" (2013). 21세기 북스.
- "내 아이를 위한 두뇌발달보고서" (2013). 지식너머
- "초등두뇌공부법" (2014). 지식채널.

역서>>

- "리더쉽 세대차" (2007). 위즈덤 하우스.
- "브레인 섹스" (2009). 북스넛
- "정서지능, 그 오해와 진실" (2009). 학지사
- "Beautiful brain, Beautiful you" (2010). 알키
- "10대들의 사생활" (2011). 알키
- "너무 다른 사람들" (2012). 시공사
- "루머사회" (2012). 흐름출판사
- "아이가 열 살이 넘으면 해야 할 말, 하지 말아야 할 말" (2013). 걷는 나무 출판사.

저자와의
협의하에
인지생략

다문화아동 가족상담

2014년 2월 28일 초판 인쇄
2014년 2월 28일 초판 발행

저 자 곽윤정
발행자 오동석

발행처 강현출판사
서울 중랑구 숙선옹주로 3길 40 제1호
전화 : 02) 965-4955, 010-5712-9630
등록 : 2007년 5월 21일(제306-2010-5호)
E-mail : oods1205@hanmail.net

정가 15,000원

ISBN:978-89-94320-45-8